Koreanisch für Deutschsprachige

독일어 사용자를 위한 한국어

Koreanisch für Deutschsprachige

독일어 사용자를 위한 한국어

초판 1쇄 인쇄 2022년 9월 30일
초판 1쇄 발행 2022년 10월 15일

지은이 이기선
펴낸이 서덕일
펴낸곳 도서출판 문예림

출판등록 1962년 7월 12일 (제1962-1호)
주소 경기도 파주시 회동길 366 3층 (10881)
전화 (02) 499-1281~2 **팩스** (02) 499-1283
전자우편 info@moonyelim.com
홈페이지 www.moonyelim.com

ISBN 978-89-7482-928-5 (13710)
값 20,000원

Koreanisch für Deutschsprachige

독일어 사용자를 위한

한국어

moonyelim

Vorwort

Von Juni 1950 bis Juli 1953 litt die Republik Korea unter einem Bruderkrieg aufgrund der Invasion des kommunistischen Landes Nordkorea. Nach diesem drei Jahre andauernden Krieg war alles zerstört und Korea wurde zu einem der ärmsten Länder der Welt. Doch der große Mann namens Präsident Park Chung-hee, der wie ein Komet erschien, vereinte mit seiner herausragenden Führung die gesamte Nation und förderte die wirtschaftliche Entwicklung, während er gleichzeitig die Bedrohung von dem aggressivsten Nordkorea der Welt, abwehrte. Als Reaktion auf den Willen des Führers hat das Volk, vereint in dem Geist, dass auch wir es schaffen können, zahlreiche Widrigkeiten überwunden und das Wunder vollbracht, in einem halben Jahrhundert zu den Top 10 der Wirtschaftsmächte der Welt zu gehören.

Von November 1991 bis Juni 1995 diente ich als Militärattache der koreanischen Botschaft in Bonn (der damaligen Hauptstadt Deutschlands) und war dort mit dem militärischen Austausch der beiden Länder betraut.

Deutschland war damals eine mit Korea nicht zu vergleichende Wirtschaftsmacht und darüber hinaus hatten sich das ehemals kommunistische Ost- und Westdeutschland in Freiheit demokratisch wiedervereinigt, sodass mir alles in Deutschland neuer und größer erschien. Wir als Nachkriegsgeneration hatten durch unsere Erziehung und Schulbildung seit der Kindheit viele Kenntnisse über Deutschland in unserem täglichen Bewusstsein. Das Rheinwunder, der Fleiß des deutschen Volkes, der Loreley-Hügel vumwoben von romantischen und elegischen Geschichten und Sagen, der große Schriftsteller Goethe, der große Musiker Beethoven, der Philosoph Kant und Adolf Hitler, der den Zweiten Weltkrieg verursachte…
Als der Redewettbewerb zum Thema Sparen stattfand, war es üblich, eine inbrünstige Rede zu halten, in der wir den Fleiß und den sparsamen Geist des deutschen Volkes lernen mußten, als ob die Redner in Deutschland gelebt hätten.

Es ist 26 Jahre her, dass ich nach dem Dienst in der Botschaft nach Korea zurückgekehrt bin, sodass alle Erinnerungen an das Leben in

Deutschland nur vage in Erinnerung bleiben. Jedoch, die alten Burgen, die würdevoll entlang des Rheines thronen, der tiefblaue Rhein, gesehen von den Klippen des Loreley-Hügels, der im Musikunterricht während der Schulzeit das Objekt meines Lieblingsliedes, der zum Himmel strebende Kölner Dom, der prächtig und doch fein gebaut wurde und die Bombardierung der alliierten Luftstreitkräfte während des 2. Weltkrieges überlebte, das wunderschöne Heidelberger Schloß mit Blick auf die schöne Stadt··· hängt noch immer lebhaft in meinem Herzen.

In den letzten Jahren haben viele junge Koreaner, darunter BTS, ihre Fähigkeiten voll unter Beweis gestellt und werden von Menschen auf der ganzen Welt sehr geliebt. Gleichzeitig gewinnen verschiedene Kulturen und Traditionen aus Korea(K-Pop, K-Culture, K-Drama, K-Movie, K-Food, K-Fashion, K-Beauty, TAEKWONDO, KIMCHI usw.) unter dem Trend von Hallyu(Koreanische Welle) über die Grenzen von Region, Ideologie und Religion hinaus an großer Popularität. Dieses Phänomen hat natürlich das Interesse an Korea und den Wunsch, die koreanische Sprache zu lernen, verstärkt .

Eine Sprache ist ein immaterielles Produkt von Tausenden von Jahren Lebensstil und Denkart, natürlicher Umgebung, familiärer Beziehungen, Religion, sozialer Struktur, Beziehung zu umgebenden Kräften, Geschichte der Staatsbildung, fortlaufender Veränderungen der Gesellschaft, technologischer Entwicklung usw. Und die Buchstaben, aus denen Alphabete bestehen, als Gefäß der Sprache verbreiten alle materiellen und immateriellen Produkte nicht nur schnell in menschlichen Gesellschaften, sondern vermitteln sie auch an die zukünftigen Generationen, daher ist das Erlernen und Verstehen einer anderen Sprache der sicherste und schnellste Weg, die Nation und das Land kennenzulernen, die diese Sprache verwenden.

Es ist keine Übertreibung zu sagen, dass eine der Hauptursachen für die gegenwärtige Entwicklung der gesamten Gesellschaft, einschließlich Technologie, Kultur, usw. und das Wachstum der nationalen Wirtschaft in Korea das koreanische Alphabet bestehend aus 10 Vokalen und 14

Konsonanten ist. Da das koreanische Alphabet einfacher als alle anderen in der Welt ist, ist es möglich, koreanische Buchstaben mit fast genauer Aussprache nur durch ein- bis zweitägiges Lernen zu lesen. Außerdem ist Hangeul das einfachste und flexibelste aller Alphabete, in denen das phonemische Alphabet der kleinsten phonetischen Einheit verwendet wird. Damit können nicht nur alle vom menschlichen Ohr hörbaren Laute am ähnlichsten geschrieben werden, sondern auch sehr komfortabel zur Informationskommunikation in digitalen Systemen eingesetzt werden.

Ich zögere nicht zu behaupten, dass die koreanische Sprache unter allen Sprachen der Welt das originellste und wissenschaftlichste Alphabet verwendet. Für Deutsche, die mit diesem Lehrbuch zum ersten Mal Koreanisch lernen, wird es aufgrund der ungewohnten Sprachstruktur und Aussprache am Anfang schwierig sein, aber wenn sie nach und nach verstehen, wird es leicht sein, der Delikatesse der koreanischen Sprache zu verfallen. Dieses Lehrbuch ist so konzipiert, um Koreanisch von der Grund- bis zur Zwischenstufe, basierend auf der Grammatik zu lernen.

Schließlich möchte ich mich für die Hilfe von Fr. Renate Fähnrich und ihrer Familie bedanken, mit der sich meine Familie schnell an das Leben in Deutschland gewöhnen konnte. dafür, dass sie mich während unserer Zusammenarbeit in der Boschaft die deutsche Sprache authentisch erleben lies, was es mir nun ermöglicht, dieses Lehrbuch zu schreiben. Da sie jedoch bereits von uns gegangen ist, bin ich leider nicht mehr im Stande ihr dies persönlich zu sagen, was mir sehr leid tut. Ich kann es ihr nur durch das Gebet in meinem Herzen zutragen. Ich glaube, dass sie im Himmel über die Veröffentlichung dieses Buchs entzückt und glücklich sein wird.

Und ich bin Herrn Alexander Bergman zutiefst dankbar für das Korrekturlesen für die Veröffentlichung dieses Lehrbuchs.

September 2022
Von dem Verfasser

서문

대한민국은 1950년 6월부터 1953년 7월까지 공산국가인 북한의 침략 때문에 동족간의 전쟁이라는 고난을 겪었다. 3년 동안 지속된 전쟁이 끝난 한국은 모든 것이 파괴되어 지구상 최하위 빈곤 국가들 중의 하나가 되어버렸다. 그러나 혜성처럼 나타난 박정희 대통령은 그의 뛰어난 영도력으로 모든 국민을 단결시켜 세계에서 가장 호전적인 북한의 위협을 막아내면서 경제발전을 추진하였다. 국민도 영도자의 의지에 따라 우리도 할 수 있다는 정신으로 단결하여 수많은 역경을 극복하고 반세기 만에 세계 10대 경제대국에 포함되는 기적을 이룩하였다.

필자는 1991년 11월부터 1995년 6월까지 당시 독일의 수도 Bonn에 위치한 한국대사관에서 양국 간에 진행되는 방산무기관련 업무를 전담하는 무관으로 근무하였다.

그 당시, 독일은 한국과는 비교가 안 될 정도로 부강한 경제대국이었고, 부임하기 1년 전에 서독이 공산국가였던 동독을 자유국가체제로 흡수하여 통일한 상태라 모든 것이 새롭고 위대해 보였다. 전후세대인 우리들에게는 이미 어릴 때부터 많은 독일 관련 지식들이 교과서를 통해 자연스럽게 몸에 배여 있었다. 라인강의 기적, 독일 국민의 근면성, 낭만과 애잔함이 깃들여 있는 로렐라이 언덕, 대문호 괴테, 악성 베토벤, 철학자 칸트, 세계 2차 대전을 일으킨 아돌프 히틀러…. 절약이라는 주제로 웅변대회를 열면, 연사들은 마치 독일에서 살아 본 듯이 독일 사람들의 근면성과 절약정신을 배워야 한다고 열변을 토하는 것이 다반사였다.

대사관근무를 마치고 귀국한 지 벌써 26년이라는 세월이 흘렀기 때문에 독일에서 살면서 겪었던 모든 기억은 아련한 추억으로 남아 있을 뿐이다. 그러나 라인강을 따라 위엄을 과시하며 우뚝 서 있는 고성들, 학창시절 음악시간에 즐겨 불렀던 로렐라이 언덕의 절벽 끝단에서 바라본 짙푸른 라인강, 2차 대전 중 연합군 공군기들의 폭격 속에서도 살아남아 여전히 높이 우뚝 서 있는 웅장하면서도 섬세하게 건축된 쾰른 대성당, 아름다운 도시 풍경이 내려다보이는 고색창연한 하이델베르크 성…. 아직도 가슴 한 구석에 뚜렷하게 남아있다.

최근 들어서 방탄소년단(BTS)을 비롯한 수많은 대한민국의 젊은이들이 그들의 실력을 마음껏 과시하여 세계인들로부터 열화와 같은 사랑을 받고 있다. 이와 함께 K-Pop, K-Culture, K-Drama, K-Movie, K-Food, K-Fashion, K-Beauty, TAEKWONDO, KIMCHI 등, 한국의 여러 가지 문화와 전통이 한류라는 유행 하에 지역, 이념, 종교의 벽을 넘어서 대단한 인기를 끌고 있다. 이러한 현상들은 자연스럽게 한국에 대한 관심과 더불어 한국어를 배우고자 하는 열망을 증폭시켰다.

언어는 하나의 민족 또는 국가에서 수 천 년에 걸친 생활과 사고방식, 자연환경, 가족관계, 종교, 사회구조, 주변 세력과의 관계, 국가가 형성된 역사, 진행 중인 사회의 변화, 기술 발전 등, 모든 것들이 융화되어 나타나는 무형의 산물이다. 그리고 알파벳으로 구성된 글자는 언어를 담고 있는 그릇으로서 모든 유무형의 산물을 인류사회에 신속하게 파급할 뿐만 아니라 후세에 전하는 기능을 갖는다. 그러므로 다른 언어를 배워서 이해한다는 것은 그 언어를 사용하는 민족과 국가를 가장 확실하고 빠르게 알 수 있는 길이다.

현재의 대한민국에서 나타나는 기술, 문화 등을 포함하는 사회 전반의 발전과 성장하는 국가경제의 주요 원인 중 하나가 바로 10개의 모음과 14개의 자음으로 구성된 한글자모라고 해도 과언이 아니다. 한글자모는 세계의 어느 알파벳보다 단순하기 때문에 하루 이틀만 공부해도 거의 정확한 발음으로 한글을 읽을 수 있다. 또한, 한글은 음성학적 최소단위의 음소문자가 사용되는 모든 문자 중에서 가장 단순하고 유연하다. 그러므로 인간의 귀로 들을 수 있는 모든 소리를 가장 유사하게 글자로 표기할 수 있을 뿐만 아니라 디지털체계의 정보소통에도 매우 편리하게 사용될 수 있다.

한국어는 전 세계의 모든 언어 중에서 가장 독창적이고 과학적인 자모를 사용하는 언어라고 장담하는데 주저하지 않는다. 본 학습서로 한국어를 처음 배우는 독일인들에게는 생소한 언어구조와 발음 때문에 처음에는 힘들겠지만, 조금씩 이해하다보면 한국어의 심오함에 쉽게 빠져들 것이다. 본 학습서는 문법을 바탕으로 기초부터 중간단계까지 한국어를 공부할 수 있도록 구성하였다.

끝으로, 필자의 가족이 독일생활에 빨리 적응할 수 있도록 도움을 준 Fr. Renate Fähnrich 여사와 그녀의 가족에게 감사한다. 특히 Fr. Fähnrich 여사는 대사관에 함께 근무하면서 필자에게 정통의 독일어를 체험할 수 있게 해 주었고, 그 덕분에 본 학습서를 쓸 수 있게 되어 특별히 깊은 감사를 드린다. 그러나 이미 하늘나라로 떠났기 때문에 직접 전하지 못하고 마음의 기도로 전하게 되어 매우 안타깝다. 본 도서의 출판에 대해 하늘나라에서 많이 기뻐하고, 행복하실 거라고 믿는다.

그리고 본 교재의 출판을 위해 교정을 맡아 준 알렉스 베르크만 Alex Bergmann 씨에게 깊이 감사한다.

2022년 9월, 저자 씀.

Geschichte und Eigenschaften des Hangeul-Alphabets

Die koreanische Sprache heißt Hangugeo und das koreanischen Schriftzeichen heißen Hangeul. Das Hangeul-Alphabt wurde im Jahr 1443(26. Jahr König Sejong) hervorgebracht und im September 1446 wurde Hangeul, basierend auf einem neuen Alphabetsystem, wurde durch das Buch mit dem Titel "Hunminjeongeum(Die koreanische Schrift)" als offizielle nationale Schrift verkündet.

Vor der Einführung des Hangeul-Schriftzeichens wurden nicht nur alle nationalen Aufzeichnungen, sondern auch die persönliche Korrespondenz in chinesischen Buchstaben, die Hanja heißen, geschrieben. Damals verbrachten die Kinder der Oberschicht ihre ganze Jugend von schon jungen Jahren damit, die chinesischen Buchstaben und die chinesische Literatur zu studieren, weil die Menschen ohne Kenntnis der chinesischen Buchstaben und Literatur keine Intellektuellen oder Regierungsbeamten werden konnten. Daher war es für die Kinder der Unterschicht fast unmöglich, durch das akademische Lernsystem ein gutes Wissen fürs Leben zu erlangen.

Ein Charakter von Hanja ist ein Alphabet, das seine eigene Bedeutung als eigenständiges Wort hat. Die Anzahl der chinesischen Buchstaben wurde kürzlich auf ungefähr 53.000 geschätzt, sodass für die damalige Zeit von mehr als 30.000 ausgegangen werden kann. Wenn man bedenkt, dass diese Anzahl von Alphabeten die menschliche Fähigkeit übersteigt, sich diese merken zu können, können wir erraten, wie schwierig es ist, chinesische Buchstaben und Literatur zu lernen.

König Sejong der Große schuf persönlich das 28 Zeichen des Alphabets, das das originellste und wissenschaftlichste Alphabet in der Geschichte des Alphabets der Welt ist, indem er seinen philanthropischen Geist und seine geniale Fähigkeit bewies, um die Schwierigkeiten der Majorität der Nation zu beseitigen, die unter dem Schaden des Analphabetismus litten, weil sie chinesische Schriftzeichen nicht lernen konnten. Es ist auch das einzige Alphabet, in dem alle Schöpfungsschritte von Anfang an aufgezeichnet sind. Das wissenschaftlichste Alphabet bedeutet, dass Hangeul die flexibelsten Buchstaben verwendet, die alle Laute und Klänge jeglicher Natur besser abbilden und nachahmen können als die Buchstaben anderer Alphabete.

Die Konsonanten bestehen aus den Strukturen der Lippen, Zähne, Zunge und Kehle, die mit der menschlichen Stimme zusammenhängen, und die Vokale bestehen aus der Kombination von drei Elementen, die Himmel, Erde und Mensch dazwischen darstellen. Vier der ersten 28 Buchstaben existieren nicht mehr, daher werden derzeit 24 Buchstaben(14 Konsonanten und 10 Vokale) als Grundbuchstaben in Hangeul verwendet.

한글자모의 역사와 특성

한국의 언어를 한국어라 하고 한국어에 사용되는 문자를 한글이라고 한다. 한글에 사용되는 자모는 1443년(세종 26년)에 창제되었고, 1446년 9월, 새로운 자모체계의 한글을 훈민정음이라는 제목의 책을 통하여 국가의 공식적인 문자로 반포하였다.

한글문자가 반포되기 이전에는 국가의 모든 기록물뿐만 아니라 개인 서신까지도 중국의 문자인 한자가 사용되었다. 당시에는 한자를 모르면 지식인이나 정부의 관리가 될 수 없었기 때문에 양반계급의 자제는 어릴 때부터 한자와 한문을 배우느라 젊은 시간을 전부 허비하는 형국이었다. 따라서 하층계급의 자제들에게 삶에 유용한 지식을 쌓기 위한 체계적인 학문의 공부는 엄두조차 내기 어려웠다.

한자의 한 글자는 하나의 알파벳이면서 동시에 고유의 의미를 갖는 독립된 단어다. 최근 중국 한자의 숫자가 53,000여 개로 발표된 것으로 보아, 당시에도 최소 30,000개는 넘었을 것으로 추측할 수 있다. 이 알파벳의 숫자가 인간의 능력으로서는 모두 숙지할 수 없는 양이라는 것을 고려하면 한자와 한문 공부의 고초가 얼마나 컸을 지 짐작할 수 있다.

세종대왕은 한자를 배울 수 없어 문맹의 폐해에 시달리는 다수의 백성들이 겪는 어려움을 없애주기 위해 애민정신과 천재적인 능력을 발휘하여 세계의 알파벳역사에서 가장 독창적이고 과학적인 28자의 자모를 몸소 창제하였다. 또한, 자모를 창안해 가는 단계가 시작부터 고스란히 기록되어 있는 유일한 자모이기도 하다. 가장 과학적인 자모를 사용하는 문자라는 의미는 모든 피조물의 소리와 형태를 어느 문자보다 더 유사하게 기록할 수 있다는 뜻이기도 하다.

자음은 인간의 발성과 관계되는 입술, 치아, 혀, 목구멍의 구조로부터 만들어졌고, 모음은 하늘과 땅, 그 사이에 있는 인간이라는 3개 요소를 조합하여 만들어졌다.

최초의 28개 자모 중 4개는 소멸되었고 현재 24개의 자모(자음 14개, 모음 10개)가 한글의 기본 자모로 사용되고 있다.

Inhalt(목차)

| 주 독일 한국대사관 군수무관 근무 시절 저자 |

Autor während der Tätigkeit als Wehrtechnischeattache an der koreanischen Botschaft in Deutschland

Koreanisch
für
Deutschsprachige

독일어 사용자를 위한

한국어

ABSCHNITT 01

Alphabet und Aussprache

| 자모와 발음 |

1 Grundlegende Alphabete von Hangeul

Konsonant[Lesen]	Vokal[Lesen]
ㄱ [giyeok]	ㅏ [a]
ㄴ [nieun]	ㅑ [ya]
ㄷ [digeut]	ㅓ [eo]
ㄹ [rieul]	ㅕ [yeo]
ㅁ [mieum]	ㅗ [o]
ㅂ [bieup]	ㅛ [yo]
ㅅ [siot]	ㅜ [u]
ㅇ [ieung]	ㅠ [yu]
ㅈ [jieut]	ㅡ [eu]
ㅊ [chieut]	ㅣ [i]
ㅋ [kieuk]	
ㅌ [tieut]	
ㅍ [pieup]	
ㅎ [hieut]	

- Alphabet: 자모[jamo], 알파벳[alpabet]
- Konsonant: 자음[jaeum]
- Lesen: 읽기[ilkki]
- Aussprache: 발음[bareum]
- Vokal: 모음[moeum]
- Buchstabe: 글자[geuljja], 문자[munjja]

Notiz 1

Die Aussprache in [ ] verwendet die englische Notation.

Notiz 2

Die 14 Konsonanten werden nach der Position im Mund eingeteilt, an der der Laut erzeugt wird.

(1) Molarlaut(아음[aeum]): ㄱ, ㅋ

(2) Zungenlaut(설음[seoreum]): ㄴ, ㄷ, ㄹ, ㅌ

(3) Lippenlaut(순음[suneum]): ㅁ, ㅂ, ㅍ

(4) Zischlaut(치음[chieum]): ㅅ, ㅈ, ㅊ

(5) Kehllaut(후음[hueum]): ㅇ, ㅎ

Notiz 3

Die Vokale werden basierend auf dem Attribut geteilt.

(1) Positiv: ㅏ, ㅑ, ㅗ, ㅛ

(2) Negativ: ㅓ, ㅕ, ㅜ, ㅠ, ㅡ

(3) Neutral: ㅣ

Notiz 4

Ein Buchstabe von Hangeul, der je eine Silbe(음절[eumjeol]) ist, besteht aus den folgenden zwei Arten.

(1) Anlaut(Konsonant) + Auslaut(Vokal)

(2) Anlaut(Konsonant) + Inlaut(Vokal) + Auslaut(Konsonant)

※ Der Konsonant des Auslautes wird als Schlusskonsonant bezeichnet.

※ Der Konsonant des Anlautes wird als Anlautkonsonant bezeichnet.

2 Kombination von Vokalen und Konsonanten für Grundsilben

	ㅏ	ㅑ	ㅓ	ㅕ	ㅗ	ㅛ	ㅜ	ㅠ	ㅡ	ㅣ
ㄱ	가 [GA]	갸 [GYA]	거 [GEO]	겨 [GYEO]	고 [GO]	교 [GYO]	구 [GU]	규 [GYU]	그 [GEU]	기 [GI]
ㄴ	나 [NA]	냐 [NYA]	너 [NEO]	녀 [NYEO]	노 [NO]	뇨 [NYO]	누 [NU]	뉴 [NYU]	느 [NEU]	니 [NI]
ㄷ	다 [DA]	댜 [DYA]	더 [DEO]	뎌 [DYEO]	도 [DO]	됴 [DYO]	두 [DU]	듀 [DYU]	드 [DEU]	디 [DI]
ㄹ	라 [RA]	랴 [RYA]	러 [REO]	려 [RYEO]	로 [RO]	료 [RYO]	루 [RU]	류 [RYU]	르 [REU]	리 [RI]
ㅁ	마 [MA]	먀 [MYA]	머 [MEO]	며 [MYEO]	모 [MO]	묘 [MYO]	무 [MU]	뮤 [MYU]	므 [MEU]	미 [MI]
ㅂ	바 [BA]	뱌 [BYA]	버 [BEO]	벼 [BYEO]	보 [BO]	뵤 [BYO]	부 [BU]	뷰 [BYU]	브 [BEU]	비 [BI]
ㅅ	사 [SA]	샤 [SYA]	서 [SEO]	셔 [SYEO]	소 [SO]	쇼 [SYO]	수 [SU]	슈 [SYU]	스 [SEU]	시 [SI]
ㅇ	아 [A]	야 [YA]	어 [EO]	여 [YEO]	오 [O]	요 [YO]	우 [U]	유 [YU]	으 [EU]	이 [I]
ㅈ	자 [JA]	쟈 [JYA]	저 [JEO]	져 [JYEO]	조 [JO]	죠 [JYO]	주 [JU]	쥬 [JYU]	즈 [JEU]	지 [JI]
ㅊ	차 [CHA]	챠 [CHYA]	처 [CHEO]	쳐 [SHYEO]	초 [CHO]	쵸 [CHYO]	추 [CHU]	츄 [CHYU]	츠 [CHEU]	치 [CHI]
ㅋ	카 [KA]	캬 [KYA]	커 [KEO]	켜 [KYEO]	코 [KO]	쿄 [KYO]	쿠 [KU]	큐 [KYU]	크 [KEU]	키 [KI]
ㅌ	타 [TA]	탸 [TYA]	터 [TEO]	텨 [TYEO]	토 [TO]	툐 [TYO]	투 [TU]	튜 [TYU]	트 [TEU]	티 [TI]
ㅍ	파 [PA]	퍄 [PYA]	퍼 [PEO]	펴 [PYEO]	포 [PO]	표 [PYO]	푸 [PU]	퓨 [PYU]	프 [PEU]	피 [PI]
ㅎ	하 [HA]	햐 [HYA]	허 [HEO]	혀 [HYEO]	호 [HO]	효 [HYO]	후 [HU]	휴 [HYU]	흐 [HEU]	히 [HI]

- Es ist sehr wichtig, die Aussprache dieser Grundsilben immer wieder zu üben; so wie Sie das Alphabet auswendig lernten, als Sie zur Schule gingen.

3 Aussprache des Alphabets

(1) Vokal(모음)

Klassifizierung 구분[gubun]	모음	발음	Beispielwort
Einzelner Vokal 단모음[1] [danmoeum]	ㅏ	a	아버지[abeoji]: Vater
	ㅑ	ya	야구[yagu]: Baseball
	ㅓ	eo	어머니[eomeoni]: Mutter
	ㅕ	yeo	여행[yeohaeng]: Reise
	ㅗ	o	오리[ori]: Ente
	ㅛ	yo	요리[yori]: Essen
	ㅜ	u	우산[usan]: Regenschirm
	ㅠ	yu	유치원[yuchiwon]: Kindergarten
	ㅡ	eu	으깨다[euggaeda]: zerstoßen
	ㅣ	i	이발소[ibalso]: Friseursalon
	ㅐ(ㅏ + ㅣ)	ae	애국가[aegukga]: Nationalhymne
	ㅔ(ㅓ + ㅣ)	e	에너지[eneoji]: Energie
	ㅚ(ㅗ + ㅣ)	oe	외국[oeguk]: fremdes Land
	ㅟ (ㅜ + ㅣ)	wi	위험[wiheom]: Gefahr
Doppelvokal 이중모음[2] [ijungmoeum]	ㅒ(ㅑ + ㅣ)	yae	얘기[yaegi]: Erzählung
	ㅖ(ㅕ + ㅣ)	ye	예절[yejeol]: Etikette
	ㅢ (ㅡ + ㅣ)[3]	eui, i	의사[euisa]: Arzt 희망[himang]: Hoffnung 무늬[muni]: Muster
	ㅘ (ㅗ + ㅏ)	wa	과일[gwail]: Obst
	ㅙ (ㅗ + ㅐ)	wae	괭이[gwaengi]: Hacke
	ㅝ (ㅜ + ㅓ)	wo	원숭이[wonsungi]: Affe
	ㅞ (ㅜ + ㅔ)	we	궤도[gwedo]: Schiene

Notiz

1 단모음 bedeutet, dass sich die Form der Lippen oder der Zunge beim Aussprechen nicht ändert.

2 이중모음 bedeutet, dass sich die Form der Lippen oder der Zunge beim Aussprechen ändert.

3 "ㅢ" wird durch [i] ausgesprochen, wenn der Anlautkonsonant nicht "ㅇ" ist.

(2) Konsonant(자음)

구분	자음	발음	Beispielwort
Einzelkonsonant 단자음 [danjaeum]	ㄱ	g, k	국가[gukkka]: Land, Staat
	ㄴ	n	나비[nabi]: Schmetterling
	ㄷ	d, t	돼지[dwaeji]: Schwein, 곧[got]: bald
	ㄹ	r, l	라디오[radio]: Radio, 골짜기[goljjagi]: Tal
	ㅁ	m	말[mal]: Pferd
	ㅂ	b, p	밥[bap]: gekochter Reis, Mahl, Essen
	ㅅ	s	사랑[sarang]: Liebe
	ㅇ	–, ng	아이[ai]: Kind, 양말[yangmal]: Socken
	ㅈ	j	자전거[jajeongeo]: Fahrrad
	ㅊ	ch	창문[changmun]: Fenster
	ㅋ	k	콩나물[kongnamul]: Bohnensprossen
	ㅌ	t	태양[taeyang]: Sonne
	ㅍ	p	팔다[palda]: verkaufen
	ㅎ	h	학교[hakkkyo]: Schule
Zwillingskonsonant 쌍자음 [ssangjaeum]	ㄲ	gg	꽃[kkot]: Blume
	ㄸ	dd	땀[ddam]: Schweiß
	ㅃ	bb	아빠[abba]: Papa 오빠[obba]: älterer Bruder des Mädchens
	ㅆ	ss	싸움[ssaum]: Streit, Kampf
	ㅉ	jj	짜다[jjada]: salzig, weben, drücken
Schlussdoppelkonsonant 겹받침 [gyeopbatchim]	ㄱㅅ	k	넋[neok]: Seele
	ㄴㅈ	n	앉다[andda]: sitzen
	ㄴㅎ	n	많다[manta]: viel
	ㄹㄱ	k	닭[dak]: Huhn
	ㄹㅁ	m→	굶다[gumdda]: Mahlzeit auslassen, verhungern
	ㄹㅂ	l	넓다[neoldda]: breit, weit
		p→	밟다[bapdda]: aufsteigen
	ㄹㅅ	l	외곬[oegol]: einspuriger Weg
	ㄹㅌ	l	핥다[haldda]: lecken
	ㄹㅍ	p→	읊다[eupdda]: lesen, rezitieren
	ㄹㅎ	l	싫다[silta]: nicht mögen, unangenehm sein
	ㅂㅅ	p→	값[gap]: Preis

☞Ausgesprochen vom 2. Konsonanten des Schlussdoppelkonsonanten.

Lesen des Zwillingskonsonanten

- ㄲ: 쌍기역[ssanggiyeok]
- ㄸ: 쌍디귿[ssangdigeut]
- ㅃ: 쌍비읍[ssangbieup]
- ㅆ: 쌍시옷[ssangsiot]
- ㅉ: 쌍지읒[ssangjieut]

Die Konsonanten sind in drei Gruppen unterteilt, mit Ausnahme der Nasenkonsonanten(ㄴ, ㅁ, ㅇ), eines stimmlosen Reibungskonsonanten(ㅎ) und eines fließenden Konsonanten(ㄹ).

- Einfachlaut(평음[pyeongeum]): ㄱ, ㄷ, ㅂ, ㅅ, ㅈ
- Starker Laut/Forteslaut(경음[gyeongeum]): ㄲ, ㄸ, ㅃ, ㅆ, ㅉ
- Aspiratenlaut(격음[gyeogeum]): ㅊ, ㅋ, ㅌ, ㅍ

Eine Silbe ist ein Buchstabe, der aus "Anlautkonsonant + Vokal" oder "Anlautkonsonant + Vokal + Schlusskonsonant" besteht. Der Anlautkonsonant muß ein Einzelkonsonant oder ein Doppelkonsonant sein, und die Schlussdoppelkonsonanten werden nur für den Schlusskonsonanten verwendet.

Verwendung des Konsonanten

- Wenn "ㅇ" als Anlautkonsonant in einer Silbe verwendet wird, wird seine Silbe als ein medialer Vokal bezeichnet.
- Die Schlussdoppelkonsonanten(겹받침) können nicht als Anlautkonsonant in einer Silbe verwendet werden.
- Alle Konsonanten außer "ㄸ", "ㅃ" und "ㅉ" werden als Schlusskonsonant einer Silbe verwendet.
- Die Aussprache des Schlusskonsonanten in einer Silbe ist eine von "ㄱ[k]", "ㄴ[n]", "ㄷ[t]", "ㄹ[l]", "ㅁ[m]", "ㅂ[p]" und "ㅇ[ng]".

Verwandte Ausdrücke

- Schlusskonsonant: 받침자음[batchimjaeum]
- Schlussdoppelkonsonant: 겹받침[gyeopbatchim]
- Silbe: 음절[eumjeol]
- Medialer Vokal: 중간모음[jungganmoeum]
- Wort: 단어[daneo], 낱말[nanmal]
- Satz: 문장[munjang]
- Deutschland: 독일[dogil]
- Deutsch/deutsche Sprache: 독어[dogeo], 독일어[dogileo]

(3) Reihenfolge der Striche jedes Alphabets

① 모음(Vokal)

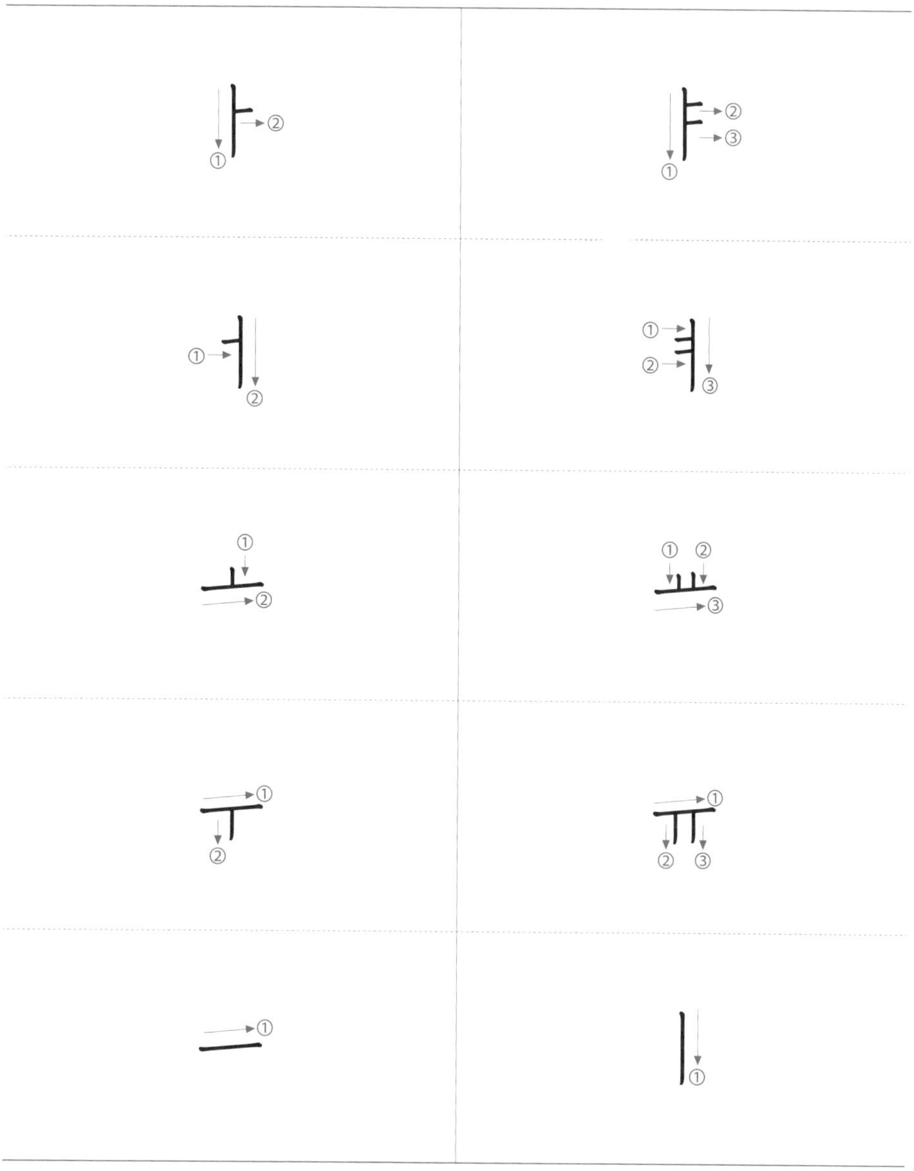

② 자음(Konsonant)

ㄱ	ㄴ
ㄷ	ㄹ
ㅁ	ㅂ
ㅅ	ㅇ
ㅈ	ㅊ
ㅋ	ㅌ
ㅍ	ㅎ

(4) Reihenfolge von Buchstaben in einer Silbe

Beispiele: “타”, “옴”, “값” und “뚫”

타	ㅌ	타		
옴	ㅇ	오	옴	
값	ㄱ	가	갑	값
뚫	ㄸ	뚜	뚤	뚫

Notiz

Einer der Unterschiede zwischen Deutsch und Koreanisch besteht darin, dass alle Substantive im Deutschen eindeutig als Maskulinum, Feminimum und Neutrum eingeteilt werden. Diese Unterscheidung gibt es im Koreanischen nicht. Daher gibt es im Koreanischen keine Artikel(bestimmt und unbestimmt) für Substantive.

ABSCHNITT 02

Regeln zum Lesen des Wortes

| 단어 읽기 규칙 |

Um koreanische Sätze genau zu lesen, müssen zuerst die Regeln für die Aussprache der Wörter bekannt sein.

1 Verbindung von Schlusskonsonant zu “ㅇ”: 연음법칙[yeoneumbeopchik]

Wenn auf eine Silbe mit einem Schlusskonsonanten(받침자음) eine Silbe mit “ㅇ” als Anlautkonsonant folgt, der ein medialer Vokal ist, wird die Aussprache des Schlusskonsonanten zum Anlautder folgenden Silbe.

Beispiel(예[ye])	발음(Aussprache)	뜻(Bedeutung)
언어	[eoneo] → 어너	Sprache
음악	[eumak] → 으막	Musik
독일어	[dogileo] → 도기러	deutsche Sprache
부엌에	[bueoke] → 부어케	in der Küche
마음에	[maeume] → 마으메	im Kopf
먹어라.	[meogeora] → 머거라	Iß!
문어	[muneo] → 무너	Tintenfisch

* Satz: 문장[munjang]
* Bedeutung: 뜻[ddeut], 의미[euimi]
* Medialer Vokal: 중간모음[jungganmoeum]
* Silbe: 음절[eumjeol]
* Aussprache: 발음[bareum]
* Beispiel: 예[ye]

2 Neutralisierung der Aussprache: 중화법칙[junghwabeopchik]

Die folgenden Schlusskonsonanten(받침자음) werden als “ㅋ[k]”, “ㅌ[t]” oder “ㅍ[p]” ausgesprochen.

받침자음	발음	예
ㄱ, ㅋ, ㄲ	ㅋ[k]	먹다[meokdda: 먹따]: essen, 부엌[bueok: 부엌]: Küche 밖[bak: 밬]: draußen
ㄷ, ㅅ, ㅆ, ㅈ, ㅊ, ㅌ, ㅎ	ㅌ[t]	듣다[deutdda: 듵따]: hören, 맛[mat: 맡]: Geschmack 갔다[gatdda: 같따]: ging, 젖다 [jeotdda: 젙따]: nässen 꽃[kkot: 꽅]: Blume, 솥[sot: 솥]: Kessel 히흫[hiheut: 히흩]: ㅎ
ㅂ, ㅍ	ㅍ[p]	밥[bap: 밮]: gekochter Reis, 숲[sup: 숲]: Wald

3 Nasalisierung: 비음화[bieumhwa]

(1) Nasalisierung des Schlusskonsonanten

Die Schlusskonsonanten werden durch die nasalen Konsonanten(ㄴ, ㅁ, ㅇ) vor den Anlautkonsonanten(ㄴ, ㅁ, ㅇ) der folgenden Silbe wegen der Lautangleichung ausgesprochen.

Nasalisierung· von 받침자음	예
ㄱ, ㅋ → ㅇ	한국말[hangungmal: 한궁말]: koreanische Sprache 학년[hangnyeon: 항년]: Schuljahr 부엌문[bueongmun: 부엉문]: Küchentür 막내[mangnae: 망내]: das jüngste Kind
ㄷ, ㅌ → ㄴ	믿는다[minneunda: 민는다]: glauben 밭만[banman: 반만]: nur Feld 낱말[nanmal: 난말]: Wort
ㅂ, ㅍ → ㅁ	갑니다.[gamnida: 감니다]: Gehen, Sir.
ㅅ, ㅈ, ㅊ, ㅆ → ㄴ	솟는[sonneun: 손는]: aufgehend 젖는[jeonneun: 전는]: nässend 꽃만[kkonman: 꼰만]: nur Blume 꽃나무[kkonnamu: 꼰나무]: Blumenbaum 있는[inneun: 인는]: existierend
ㅎ → ㄴ	놓는[nonneun: 논는]: stellend

(2) Nasalisierung von "ㄹ" zu "ㄴ"

Der Anlautkonsonant(ㄹ) einer Silbe wird als "ㄴ" ausgesprochen, wenn er sich hinter der Silbe mit allen Schlusskosonanten außer "ㄴ" und "ㄹ" befindet.

예	발음	뜻
항로	[hangno: 항노]	Segelroute, Flugroute
독립	[dongnip: 동닙]	Unabhängigkeit
심리	[simni: 심니]	Psychologie
정류장	[jeongnyujang: 정뉴장]	Haltestelle für Bus oder Taxi
염려	[yeomnyeo: 염녀]	Sorge
대학로	[daehangno: 대항노]	Weg zur Universität
국립묘지	[gungnipmyoji: 궁닙묘지]	Nationalfriedhof

4 Wechsel zum starken Laut: 경음화[gyeongeumhwa]

Der Anlautkonsonant einer Silbe wird stark ausgesprochen, wenn er sich hinter einer Silbe mit allen Schlusskosonanten außer "ㄴ", "ㄹ", "ㅇ" und "ㅎ" befindet.

예	발음	뜻
먹다	[meokdda: 먹따]	essen
꽃밭	[kkotbabt: 꼳받]	Blumenbeet
학생	[hakssaeng: 학쌩]	Student
갚다	[gapdda: 갑따]	bezahlen
앉다	[andda: 안따]	sitzen
씻다	[ssitdda: 씯따]	washen
아무것도	[amugeotddo: 아무걷또]	überhaupt nichts
젊다	[jeomdda: 점따]	jung
검다	[geomdda: 검따]	schwarz
넓고 짧다	[neolkko jjaldda: 널꼬 짤따]	breit und kurz

5 Wechsel zu Aspiratenlaut: 격음화[gyeokeumhwa]

Wenn der Konsonant(ㅎ) der vorhergehenden oder folgenden Silbe mit dem einfachen Konsonanten(ㄱ, ㄷ, ㅂ, ㅈ) gemischt wird, werden diese Konsonanten als Aspiraten(ㅋ, ㅌ, ㅍ, ㅊ) ausgesprochen.

예	발음	뜻
많다	[manta: 만타]	viel
국화	[gukwa: 구콰]	Nationalblume, Chrysantheme
입학	[ipak: 이팍]	Eintritt in die Schule
놓다	[nota: 노타]	hinlegen
앉히다	[anchida: 안치다]	setzen
맏형	[matyeong: 마텽]	der älteste Bruder

6 Palatalisierung: 구개음화[gugaeeumhwa]

Die folgende Silbe von "이" oder "히" wird "지" oder "치" ausgesprochen, wenn die vorhergehende Silbe die Schlusskonsonanten(ㄷ, ㅌ) hat.

예	발음	뜻
같이	[gachi: 가치]	zusammen
해돋이	[haedoji: 해도지]	Sonnenaufgang
굳이	[guji: 구지]	hartnäckig
굳히다	[guchida: 구치다]	härten
맏이	[maji: 마지]	das erste Kind

7 Auslassen von "ㅎ": "ㅎ" 생략[saengryak]

Die Aussprache des Schlusskonsonanten(ㅎ) wird weggelassen, wenn die folgende Silbe einen medialen Vokal hat.

예	발음	뜻
좋아요.	[joayo: 조아요]	Gut, Hr. ~.(Prädikativ)
많아요.	[manayo: 마나요]	Viel, Hr. ~.(Prädikativ)
좋은	[joeun: 조은]	gut(Prä-Nomen)
많은	[maneun: 마는]	viel(Prä-Nomen)

8 Regel für die Aussprache des Anlautkonsonanten: 두음법칙[dueumbeopchik]

Die Konsonanten(ㄴ, ㄹ) können nicht als Anlautkonsonanten der Anfangssilbe des Wortes verwendet werden, stattdessen wird "ㅇ" verwendet.

예	뜻
녀자→여자[yeoja]	Frau, Weib
년말→연말[yeonmal]	das Ende des Jahres
료리→요리[yori]	Essen, Kochen
닉명→익명[ikmyeong]	Anonymität, Pseudonym
리유→이유[iyu]	Grund, Ursache

- Diese Regel gilt nicht für Wörter ausländischer Herkunft außer Chinesisch, wenn sie in koreanischen Buchstaben geschrieben werden.
  - 라면[ramyeon]: Ramyon, chinesishe Nudeln
  - 라디오[radio]: Radio
  - 라틴[ratin]: Latin

ABSCHNITT 03

Tägliche Redewendungen

| 일상 관용어 |

Lassen Sie uns in diesem Abschnitt die täglichen Redewendungen lernen, bevor Sie mit der Grammatik beginnen, um das Lesen der Sätze zu üben und das Verständnis der koreanischen Sprache zu verbessern!

- 안녕! [annyeong] — - Guten Morgen(Tag/Nachmittag/Abend)! - Auf Wiedersehen!

  * Der Gruß am Morgen, Nachmittag und Abend ist gleich.

- 아저씨, 안녕하세요! [annyeonghaseyo] — Guten Tag, Onkel!(☞Abschnitt 8, Notiz)

- 안녕하십니까? [annyeonghasimnikka] — - Guten Tag, Sir! - Wie geht's Ihnen, Sir!

- 만나서 반갑습니다. [mannaseo banggapseumnida] — Es freut mich sehr, Sie kennenzulernen, Sir.

- 할머니, 어떻게 지내세요? [halmeoni eoddeoke jinaeseyo] — Wie geht es Ihnen, Oma?

- 계십니까? [gyesimnikka] — - Ist jemand da, Sir? - Entschuldigen Sie, bitte?

- 안녕히 계세요. [annyeonghi gyeseyo] — Auf Wiedersehen, Hr. ~!

  * Zurückgehender Gast an Gastgeber

- 안녕히 가세요. [annyeonghi gaseyo] — Auf Wiedersehen, Fr. ~!

  * Gastgeber an zurückgehendem Gast

- 고마워! [gomawo] — Danke!

- 감사합니다./고맙습니다. [gamsahamnida] [gomapsseumnida] — Danke schön, Madam!

* Die Modifikationen der Wortendung(~요., ~요?, ~요!, ~ㅂ니까?, ~ㅂ니다. usw.) der prädikativen Wörter(Verb, Adjektiv, prädikative Postposition) sind die Ausdrücke für Höflichkeit. (☞Abschnitt 8)

- 천만에! [cheonmane] — Bitte schön!

- 천만에요. 아주머니! [cheonmaneyo ajumeoni] — Überhaupt nicht, Tante!

• 미안해. [mianhae]	Es tut mir leid!
• 미안합니다./죄송합니다. [mianhamnida] [joisonghamnida]	Es tut mir leid, Herr! Entschuldigen Sie, Herr!
• 용서해 줘. [yongseohae jwo]	Vergib mir, bitte!
• 용서해 주세요. [yongseohae juseyo]	Vergeben Sie mir, bitte!
• 잠깐 기다리세요. [jamkkan gidariseyo]	Warten Sie einen Moment, bitte!
• 잠깐만. [jamgganman]	Moment bitte!
• 조심하십시오. [josimhasipsiyo]	Seien Sie vorsichtig, Sir!
• 조심하세요. [josimhaseyo]	Seien Sie vorsichtig!
• 조심해. [josimhae]	Vorsicht!
• 뭐 해? [mwo hae]	Was machst du?
• 뭐 하세요? [mwo haseyo]	Was machen Sie?
• 알겠습니까? [algesseumnikka]	Haben Sie verstanden, Sir?
• 예, 알겠습니다. [ye algesseumnida]	Jawohl. Ich habe verstanden, Sir.
• 아닙니다. 모르겠습니다. [animnida moreugesseumnida]	- Nein, Sir. Ich verstehe nicht. - Nein, Sir. Ich weiß es nicht.

• 알겠어? [algesseo]	Verstanden?
• 응, 알겠어. [eung algesseo]	Ja, verstanden.
• 아니, 모르겠어. [ani moreugesseo]	- Nein, ich weiß es nicht. - Nein. Ich verstehe nicht.
• 몰라. [mola]	- Ich weiß es nicht. - Ich verstehe nicht.
• 모릅니다. [moreumnida]	Ich weiß es nicht, Madam.
• 싫어. [sireo]	Ich mag es nicht
• 싫어요. [Sireoyo]	Ich mag es nicht, Opa.
• 자기야, 사랑해! [jagiya saranghae]	Ich liebe dich, meine Geliebte!
• 사랑해요. [saranghaeyo]	Ich liebe Sie.
• 사랑합니다. [saranghamnida]	Ich liebe Sie, Frau!
• 신사 숙녀 여러분, 모두 사랑합니다. [sinsa sungnyeo yeoreobun modu saranghamnida]	Ich liebe Sie alle, meine Damen und Herren!
• 나 너 좋아해. [na neo joahae]	Ich mag dich.
• 너 나 좋아해? [neo na joahae]	Magst du mich?
• 아저씨, 이거 얼마예요? [ajeossi igeo eolmayeyo]	Wie viel kostet das, Onkel?

• 이거 얼마야? [igeo eolmaya]	Wieviel kostet das?
• 지금 몇 시예요? [jigeum myeot siyeyo]	Wie spät ist es, Hr. ~?
• 지금 몇 시야? [jigeum myeot siya]	Wie spät ist es?
• 이거/그거/저거 뭐야? [igeo/geugeo/jeogeo mwoya]	Was ist dies/das/das?
• 할머니,이거/그거/저거 뭐예요? [halmeoni igeo/geugeo/jeogeo mwoyeyo]	Was ist dies/das/das, Oma?
• 이거/그거/ 저거 주세요. [igeo/geugeo/jeogeo juseyo]	Bitte, geben Sie mir dies/das/das!
• 저는 스미쓰라고 합니다. [jeoneun seumissrago hamnida]	Ich heiße Smith, Sir.
• 나는 요한이라고 해. [naneun yohanirago hae]	Ich heiße Johann.
• 저의 이름은 베르너 슈미트입니다. [jeoeui ireumeun bereuneo shyumitimnida]	Mein Name ist Werner Schmidt, Madam.
• 가자. [gaja]	Lass uns gehen!
• 갑시다. [gapida]	Lassen Sie uns gehen, Sir!
• 가지 마. [gaji ma]	Geh nicht!
• 가지 마세요. [gaji Maseyo]	Gehen Sie nicht!
• 빨리 가자. [bbali gaja]	Lass uns schnell gehen!

• 빨리 빨리 해. [bbali bbali hae]	Mach es schnell, schnell!
• 아줌마, 어서 오세요. [ajumma eoseo oseyo]	Willkommen, Täntchen!
• 실례합니다. [silyehamnida]	Entschuldigen Sie, bitte.
• 괜찮다.(= 괜찮아.) [gwaenchanta(gwaenchana)]	- (Es ist) in Ordnung. - Nicht schlecht.
• 엄마, 괜찮아요?(= 괜찮으세요?) [eomma, gwaenchanayo(gwaenchaneuseyo)]	Ist es okay, Mama?
• 괜찮습니까? [gwaenchanseumnikka]	Sind Sie in Ordnung?
• 괜찮으십니까? [gwaenchaneusimnikka]	Sind Sie in Ordnung, Sir?
• 괜찮습니다. [gwaenchanseumnida]	Jawohl. Es ist in Ordnung.

Grundstruktur des Satzes

| 문장의 기본 구성 |

In diesem Abschnitt lernen wir 5 Formeln der Satzstruktur des Koreanischen kennen. Die Konjugationen der deklinierbaren Wörter und der prädikativen Postpositionen, die als Prädikat eines Satzes fungieren, verwenden nur die Gegenwart zu den beispielgebenden Sätzen, bis das Tempus in Abschnitt 6 erläutert wird.

1 Elemente des Satzes

(1) Zeichen des Elements

Element	Zeichen	한국어
Subjekt(Nominativ)	S	주어
Prädikat	P	서술어
Komplement	K	보어
Objekt(Akkusativ)	O	목적어
Adverbialwort	AW	부사어
Postposition	PP	조사
Bestimmungswort	BW	수식어
Unabhängiges Wort	UW	독립어

(2) Wortarten(품사) und Rolle in Satz

품사	Rolle in Satz
① Nomen/Hauptwort/Substantiv(명사) ② Pronomen(대명사) ③ Numerale/Zahlwort(수사)	Unflektierbares Wort(체언)
④ Postposition: PP(조사)	Verbindungswort(관계언)
⑤ Verb(동사) ⑥ Adjektiv(형용사)	Deklinierbares Wort(용언)
⑦ Prä-Nomen(관형사) ⑧ Adverb(부사)	Bestimmungswort(수식언/수식어)
⑨ Ausrufwort(감탄사)	Unabhängiges Wort(독립언/독립어)

(3) Regeln für die Satzstruktur

① S, K, O und AW, die die Postposition im Satz brauchen, verwenden nur das unflektierbare Wort.

② Das P verwendet das deklinierbare Wort und die prädikative PP, die "~(이)다." ist. "~다." von prädikativen PP wird verwendet, wenn die letzte Silbe des 체언 keinen Schlusskonsonanten hat, und "~이다." wird verwendet, wenn die letzte Silbe des 체언 den Schlusskonsonanten hat.

③ Die Arten der PP(☞Abschnitt 15) sind wie folgt klassifiziert.

- PP für Kasus(격조사)
  - Subjektive PP(주격조사)
  - Objektive PP(목적격조사)
  - Komplementäre PP(보격조사)
  - Prä-nominale PP(관형격조사)
  - Adverbiale PP(부사격조사)
  - Prädikative PP(서술격조사)
  - Vokativ-PP(호격조사)
- Hilfs-PP(보조사)

④ Das P verwendet verschiedene Konjugationen und Wortendungen für den Ausdruck des Tempus, Respekt, Modus und so weiter.

⑤ Die BW sind wie folgt untergeteilt.

- Prä-Nomen(관형사 ☞Abschnitt 13)
  - Numerisches Prä-Nomen(수 관형사)
  - Demonstratives Prä-Nomen(지시 관형사)
  - Genitiv-Prä-Nomen(소유격관형사)
  - Angebendes Prä-Nomen (성상 관형사)
    - Reines Prä-Nomen(순수 관형사)
    - Verbales Prä-Nomen(동사적 관형사)
    - Adjektivisches Prä-Nomen(형용사적 관형사)

  * Im Koreanischen entspricht das Prä-Nomen dem Adjektiv mit Deklination im Deutschen, das das folgende unflektierbare Wort modifiziert.
- Adverb(부사 ☞Abschnitt 17)

⑥ Das Adjektiv im Koreanischen entspricht nur dem prädikativen Adjektiv im Deutschen.

⑦ Das UW hat keine Beziehung zu anderen Wörtern innerhalb eines Satzes. Die Haupttypen von UW sind Ausrufwörter, Adverbialkonjunktion und Vokativfall(~아, ~야, ~님, usw.).

2 Fünf Grundformeln des Satzes

(1) Formel 1: S + P

① 영수(S)는 간다(P)./영수가 간다.

Yeongsu geht./Yeongsu ist die Person, die geht.

② 하늘은 푸르다.

Der Himmel ist blau.

③ 이것은 연필이다./이것이 연필이다.

Dies ist ein Bleistift./Dies ist die Sache, die ein Bleistift ist.

④ 저는 요한입니다./저가 요한입니다.

Ich bin Johan, Sir./Ich bin die Person, die Johan heißt, Sir.

⑤ 이 집은 크다./이 집이 크다.

Dieses Haus ist groß./Dies ist das Haus, das groß ist.

* "~가", "~이", "~은" und "~는" sind subjektive PP. (☞Abschnitt 15)

* "~이다." in ③ und "~입니다.", das ein Derivat vom "~이다." ist, in ④ sind prädikative PP, welche nur "~(이)다." haben, und in der koreanischen Sprache sehr häufig verwendet werden.

* Die subjektiven PP("~가" und "~는") werden verwendet, wenn die letzte Silbe von S keinen Schlusskonsonanten hat.

* Die subjektiven PP("~이" und "~은") werden verwendet, wenn die letzte Silbe von S den Schlusskonsonanten hat.

* "이 ~" in ⑤ ist ein Betimmungswort(BW), was "Dies" als ein demonstratives BW bedeutet

* Das P in der Formel 1 verwendet das vollständige intransitive Verb(완전자동사), das Adjektiv oder die prädikative PP, die mit 체언 kombiniert wird.

(2) Formel 2: S + K + P

① 그녀(S)는 영희(C)가 아니다(P).

Sie ist nicht Yeonghi.

② 너는 어른이 된다.

Du wirst ein Mann.

③ 이것은 옷이 아니다.

Das ist keine Kleidung.

④ 코끼리는 코가 길다.

Die Nase des Elefanten ist lang.

* K als Subjektkomplement ergänzt S.
* Die subjektiven PP(~가, ~이, ~은, ~는) werden auch als komplementäre PP verwendet.
* P verwendet das unvollständige intransitive Verb(불완전자동사), das Adjektiv(형용사) oder die negativen prädikative PP(아니다.).

(3) Formel 3: S + AW + P

① 이것(S)은 그것과(AW) 다르다(P).

Dies ist anders als jenes.

② 철수가 영수와 싸운다.

Cheolsu ist es, der sich streitet mit Yeongsu.

③ 준기는 학교에 간다.

Jun-ki geht zur Schule.

④ 학생은 선생님에게 인사한다.

Der Schüler begrüßt den Lehrer.

* "~과", "~와", "~에" und "~에게" aus den obigen Beispielsätzen sind die adverbialen PP(부사격조사) für AW. (☞Abschnitt 15)
* AW ergänzt P.
* P verwendet das unvollständige intransitive Verb(불완전자동사) oder das Adjektiv(형용사).

(4) Formel 4: S + O + P

① 나(S)는 빵(O)을 먹는다(P).
Ich esse Brot.

② 아이는 공을 찬다.
Das Kind tritt den Ball.

③ 그는 축구를 좋아한다.
Er mag Fußball.

④ 순희는 화장품을 산다.
Sunhi kauft Kosmetik.

* Die objektiven PP sind nur "~을" und "~를".
* Die objektive PP(~를) wird verwendet, wenn die letzte Silbe von O keinen Schlusskonsonanten(받침자음) hat.
* Die objektive PP(~을) wird verwendet, wenn die letzte Silbe von O den Schlusskonsonanten hat.
* P verwendet nur das vollständige transitive Verb(완전타동사).

(5) Formel 5: S + AW + O + P

① 나(S)는 철희에게(AW) 선물(O)을 준다(P).
Ich gebe Cheolhi ein Geschenk.

② 아버지(S)는 돈(O)을 아들에게(AW) 보낸다(P).
Der Vater schickt Geld an den Sohn.

③ 그 학생은 친구에게 편지를 쓴다.
Jener Student schreibt einen Brief an einen Freund.

④ 그는 목수에게 집을 짓게 한다.
Er lässt einen Zimmermann ein Haus bauen.

* Das Verb des Prädikates enthält die Bedeutung von "geben, präsentieren, verleihen, liefern, füttern, zuweisen, verursachen, usw." .
* "~에게" ist eine Adverbiale PP, die "an oder zu" zum Dativ bedeutet.
* Wenn P ein reines Dativverb ist, wie die Verben in den Sätzen von ① und ②, kann die

Position des AW und O ausgetauscht werden.

* "그" in ③ ist ein BW, das "Jener" bedeutet, und "그" in ④ist ein Pronomen, das "er" bedeutet.(☞Abschnitt 6)

* ④ ist ein kausativer Satz(☞Abschnitt 19) unter Verwendung eines kausativen Prädikats(~게 한다.).

3 독립어(UW)

(1) Ausrufwort(감탄사)

① 아이고! 배가 아파요.

Autsch! Ich habe Bauchschmerzen.

② 어머! 언제 왔어요?

Oh meine Güte! Wann sind Sie gekommen?

* Das "어머!" wird von der Frau und "어!" vom Mann benutzt.

③ 만세! 우리가 이겼다.

Hurra! Wir haben gewonnen.

* "이겼다" ist die Vergangenheitsform von "이기다(siegen, gewinnen).

④ 젠장! 또 비가 온다.

Teufel noch mal! Es regnet wieder.

* Das "젠장!" wird vom Mann benutzt.

⑤ 이런! 지갑에 돈이 없다.

Meine Güte! Kein Geld in der Brieftasche.

⑥ 와, 꽃이 정말 아름답다!

Wow, was für eine schöne Blume!

(2) Adverbialkonjunktion(접속부사)

① 비가 온다. 그러나 나는 학교에 간다.

Es regnet. Aber ich gehe zur Schule.

② 돈이 없다. 그래서 우리는 가난하다.

Es ist kein Geld vorhanden. Deshalb sind wir arm.

(3) Vokativ-Kasus

1) Name + Vokativ-PP(~아/~야)

① 철수야, 아침 먹어라.

Cheolsu, iss Frühstück!

② 영순아, 놀자.

Yeongsun, lass uns spielen!

* Die Vokativ-PP(~야, ~아) sind für den Fall, dass es nicht notwendig ist, bei Freunden oder kleinen Kindern respektvoll zu sein.
* "~야" wird verwendet, wenn die letzte Silbe des Namens kein 받침자음 hat, und "~아" wird verwendet, wenn es 받침자음 gibt.

2) Persönliche Position oder Rang + Vokativ-PP(~님)

① 사장님, 이것 잠깐 보아 주십시오.

Präsident, sehen Sie sich das für eine Minute an, bitte!

② 팀장님!: Boss, Sir!

③ 기사님!: Fahrer, Sir!

④ 장군님!: General, Sir!

⑤ 박 여사님!: Madam Park!

⑥ 아버님!: Ehrentitel von 아버지(Vater)

⑦ 어머님: Ehrentitel von 어머니(Mutter)

* "~님" ist eine ehrenvolle Vokativ-PP, die hohen Respekt impliziert.

3) Name + Unvollständiges Substantiv(의존명사 ☞Abschnitt 14)

① 영자 씨, 당신을 사랑해요.

Yeongja, ich liebe Sie.

② 이 희태 씨, / 희태 씨, 어디 계십니까?

Hr. Hitae Lee, / Hitae, wo sind Sie, Sir?

* "~ 씨" bedeutet Herr, Frau oder Fräulein, angehängt an den vollständigen Namen oder Vornamen, und impliziert Respekt.

③ 박 현철 님, 이쪽으로 오십시오.

Hr. Hyeoncheol Park, bitte kommen Sie her, Sir!

* "~ 님", angehängt an den vollständigen Namen, ist ein ehrenvoller Vokativ-PP, die hohen Respekt impliziert.

④ 박 영택 군, / 박 군, / 영택 군, 어떻게 지내는가?

(Hr.) Yeongtaek Park, / (Hr.) Park,/ Yeongtaek, wie geht es dir?

* "~ 군" bedeutet "Hr. ~", das verwendet wird, wenn eine ältere Person einen jungen Mann förmlich und freundlich anruft. "지내는가?" ist die Form der Frage von "지내다(leben, Zeit verbringen)", die "Alt" gegenüber "Jung" verwendet.

⑤ 김 희선 양, / 김 양, / 희선 양, 이것 좀 검토해 줘.

Fräulein Hiseon KIm, / Fräulein Kim, / Hiseon, überprüf dies, bitte!

* "~ 양" bedeutet Fräulein, das verwendet wird, wenn eine ältere Person eine unverheiratete junge Frau förmlich anruft.

Schreibregeln des Hangeul

| 한글 쓰기 규칙 |

1 Regeln zum Spatium zwischen Wörtern(띄어쓰기)

Grundsätzlich sollen alle Wörter spatiiert werden, jedoch gibt es folgende Ausnahmen:

(1) Die Postpositionen(조사 ☞Abscnnitt 15) **sollen ohne Spatium an das vorhergehende Wort geschrieben werden.**

- 나는(ich)
- 나에게(zu mir)
- 나처럼(wie ich)
- 나로부터(von mir)
- 나밖에(nur ich)
- 나의(mein)

(2) Die unvollständigen Substantive(의존명사, ☞Abschnitt 14)**, die die Einheiten sind, werden normalerweise spatiiert, aber wenn das vorhergehende Wort eine arabische Zahl ist, soll 의존명사 ohne Spatium geschrieben werden.**

- 5000원(오천 원): 5000₩(Won)
- 수박 10통(열 통): 10 Wassermelonen
- 2019년 8월 15일 12시 30분: 15. August 2019 12:30 Uhr
- 말 20마리(이십 마리): 20 Pferde

(3) Die Substantive, die Reihenfolge, Schritt, Niveau, Klasse oder dergleichen bedeuten, können ohne Spatium an das vorhergehende Wort geschrieben werden.

- 오층/오 층: der fünfte Stock
- 삼학년/삼 학년: das dritte Schuljahr
- 두시 삼십분/두 시 삼십 분: zweieinhalb Uhr
- 제삼과/제 삼 과: der dritte Abschnitt

(4) **Wenn die einsilbigen Wörter nacheinander geschrieben werden, können diese Wörter ohne Spatium geschrieben werden.**

- 그때/그 때: jenes Mal
- 이때/이 때: dieses Mal
- 이산 저산/이 산 저 산: dieser Berg und jener Berg
- 좀더/좀 더: ein bisschen mehr

(5) **Das deklinierbare Hilfswort[보조용언: Hilfsverb und Hilfsadjektiv,** →Abschnitt 16**] kann ohne Spatium an das Haupt-용언 geschrieben werden, wenn die Bedeutung von 보조용언 die schwache Unabhängigkeit von der gesamten Bedeutung hat.**

- 먹어본다. ← 먹어 본다.: schmecken
- 올듯하다. ← 올 듯하다.: scheinen zu kommen
- 죽어간다. ← 죽어 간다.: sterbend sein
- 있을법하다. ← 있을 법하다.: wahrscheinlich vorhanden sein
- 보고 싶다: sehen wollen
- 아는 체하다/아는 척하다: vorgeben zu wissen
- 해야 한다.: müssen tun

(6) Die Ordnung des koreanischen Namens ist Nachname und dann Vorname ohne Mittelname. Meistens haben die Namen der Koreaner eine Silbe für den Nachnamen und zwei Silben für den Vornamen. In seltenen Fällen besteht es jedoch aus zwei Silben für den Nachnamen und einer oder zwei Silben für den Vornamen, oder einer Silbe für den Nachnamen und einer oder drei Silben für den Vornamen. Wenn der Nachname und der Vorname genau geschrieben werden müssen, wird empfohlen, zwischen Nachname und Vorname das Spatium zu setzen.

- 홍 길동
- 남궁 동자
- 남궁 석
- 김 구
- 박 에리사

(7) **Die Eigennamen von Organisation, System und dergleichen sollen Einheit für Einheit beabstandet sein.**

- 공주시청 건설과: Construction Division Gongju City Hall
- 서울대학교 공과대학 전자공학과: Electronic Engineering department, College Engineering, Seoul National University.

(8) **Spezielle Terminologie kann ohne Spatium geschrieben werden.**

- 대륙간탄도탄 ← 대륙간 탄도탄 : Intercontinental Ballastic Missile
- 골수성백혈병 ← 골수성 백혈병: Myeloid leukemia

2 Vermittelndes "ㅅ[siot]"(사이시옷)

사이시옷 ist der Name von "ㅅ", der verwendet wird, um die Aussprache zwischen zwei Wörtern zu vermitteln, die ein zusammengesetztes Substantiv bilden. In diesem Fall wird das zusammengesetzte Substantiv aus zwei reinen koreanischen Wörtern, oder aus einem rein koreanischen Wort und einem Wort chinesischer Herkunft gebildet.

(1) **Wenn die Silbe des ersten Wortes mit dem Vokal endet und der Anlaut des letzten Wortes einen starken Laut hat;**

- 아랫방[araetbbang] ← 아래(unten) + 방(zimmer)
- 부잣집[bujatjjip] ← 부자(reicher Mann) + 집(Haus)
- 전셋집[jeonsetjjip] ← 전세(Vermietung des Hauses auf Kaution) + 집(Haus)
- 귓병[guitbbyeong] ← 귀(Ohr) + 병(Krankheit)
- 햇볕[haetbbyeot] ← 해(Sonne) + 볕(Licht)
- 나뭇가지[namutkkaji] ← 나무(Baum) + 가지(Zweig)
- 부둣가[budutkka] ← 부두(Pier) + 가(Seite)
- 등굣길[deungyotkkil] ← 등교(Gehen zur Schule) + 길(Weg)

(2) Wenn der Laut von “ㄴ” zum ersten Wort vor dem Anlautkonsonanten(ㄴ, ㅁ) der ersten Silbe des letzten Wortes hinzugefügt wird;

- 빗물[binmul] ← 비(Regen) + 물(Wasser)
- 뒷머리[duinmeori] ← 뒤(Hinten) + 머리(Kopf)
- 존댓말[jondaenmal] ← 존대(Respekt, Höflichkeit) + 말(Wort, Sprache)

(3) Wenn der Laut des “ㄴ” zum ersten Wort vor dem medialen Vokal der ersten Silbe des letzten Wortes hinzugefügt wird und dann der Anlaut dieses medialen Vokal zu “ㄴ” geändert wird;

- 깻잎[kkaennib] ← 깨(Sesam) + 잎(Blatt)
- 나뭇잎 [namunnib] ← 나무(Baum) + 잎(Blatt)
- 뒷일 [duinnil] ← 뒤(Zukunft) + 일(Affäre)

“Die folgenden zusammengesetzten Substantive sind keine Normalfälle, da beide Wörter chinesischer Herkunft sind.

- 숫자 (數字)[sutjja]: Nummer
- 곳간 (庫間) [gotkkan]: Abstellraum
- 셋방 (貰房)[setbbang]: Zimmer zu vermieten
- 횟수 (回數) [hoitssu]: Häufigkeit
- 찻간 (車間) [chatkkan]: Abteil des Zuges oder Autos

3 Scheibregeln für Wörtern ausländischer Herkünfte in Hangeul

(1) Die Aussprache von “ㅠ, ㅕ, ㅛ, ㅠ” sollen so weit wie möglich “ㅏ, ㅓ, ㅗ, ㅜ” geschrieben werden.

- Messiah[메싸이야] → 메시아
- version[버젼] → 버전
- television[텔레비젼] → 텔레비전
- juice[쥬-쓰] → 주스

- laser[레이저] → 레이저
- nature[네이처] → 네이처
- chocolate[쵸-콜릿] → 초콜릿

(2) Wenn die starken Laute von "ㄲ, ㄸ, ㅃ, ㅆ, ㅉ" als Anlautkonsonant ausgesprochen werden, sollenen sie als "ㅋ, ㅌ, ㅍ, ㅅ, ㅈ" geschrieben werden.

- Paris[빠리] → 파리
- café[까페] → 카페
- spy[쓰빠이] → 스파이

(3) Die Aussprache des langen Vokals wird nicht angezeigt.

- juice[쥬-쓰] → 주스
- chocolate[쵸-콜릳] → 초콜릿
- New York[뉴우 요-ㅋ] → 뉴욕
- Tokyo[토-쿄-] → 도쿄
- book concert[북 콘서-트] → 북 콘서트

(4) Wenn der Laut von "우" im Doppelvokal von "오우" schwach ausgesprochen wird, wird das "우" gelöscht.

- boat[보우트] → 보트
- coat[코우트] → 코트
- rainbow[레인보우] → 레인보우

(5) Wenn die Aspiratenlaute von "ㅋ, ㅌ, ㅍ" als Schlusskonsonant(받침자음) ausgesprochen werden, werden sie als "ㄱ, ㅅ, ㅂ" geschrieben.

- chocolate[쵸-콜릳] → 초콜릿
- New York[뉴우 요-ㅋ] → 뉴욕
- book concert[북 콘서-트] → 북 콘서트
- pop song[팦 송] → 팝송
- tablet[태블릳] → 태블릿

4 Reihenfolge der Bedeutungsunterteilungen

Einer der Unterschiede zwischen Koreanisch und Deutsch besteht darin, zuerst den großen Teil der Bedeutung und dann den kleinen Teil der Bedeutung auszudrücken.

(1) Adresse:

- Land-Provinz-Stadt-Stadtblock(동)/Dorf(면)-Straße-Hausnummer

  대한민국 충청남도 공주시 신관동 번영로 51번지
  51, Beonyeong-ro, Singwan-dong, Gongju City, Chungcheongnam-do, Republik Korea

- Land-Metropolitanstadt-Stadtteil-Stadtblock-Straße-Hausnummer

  대한민국 대전광역시 노원구 탐방동 탐방로 231번지
  231, Tambang-ro, Tambang-dong, Nowon-gu, Daejeon City, Republik Korea

(2) Persönliche Einführung

- Firma-Abteilung-Abschnitt-Name-Titel

  저는 삼성전자의 연구개발부에 근무하는 홍길동 과장입니다.
  Ich bin Abschnittschef, Gildong Hong, in der Abteilung für Forschung und Entwicklung von Samsung Electronic Co. Sir.

- Schule-Schuljahr-Klasse-Name

  저는 서울고등학교 2학년 1반 박 용덕이라고/김 영수라고 합니다.
  Ich heiße Yongdeok Park/Yeongsu Kim, in der ersten Klasse des zweiten Schuljahres, Seoul Hochschule, Sir.

  * "~(이)라고" ist eine Hilfs-Postposition(보조사 ➩Abschnitt 15)

(3) Datum und Zeit

- Jahr(년)-Monat(월)-Tag(일)-Zeit(시, 분)

  2019년 8월 15일 22시 30분
  15. August 2019, 22:30 Uhr

ABSCHNITT 06

Pronomen

| 대명사 |

1 Personalpronomen(인칭대명사)

	Person (인칭)	독일어	한국어	Demütiger Titel	Ehrentitel
Singular (단수)	1.	ich	나, 내	저, 제	
	2.	du	너, 네, 자네		당신, 사장님, 선생님, 여사님
	3.	er	그, 그 남자 그이		그분
		sie	그, 그 여자 그녀		그분
Plural (복수)	1.	wir	우리	저희	
	2.	ihr	너희		당신들, 사장님들 선생님들, 여사님들
	3.	sie	그들		그분들

* "~들" ist ein Suffix, das Plural bedeutet.
* Die wahre Bedeutung von "사장" ist ein Präsident des Unternehmens, und die wahre Bedeutung von "선생" ist ein Lehrer, aber diese Titel werden verwendet, wenn eine unbekannte Person mit Respekt angerufen wird.
* "여사" bedeutet Frau oder Madam.

• 나는 너를 사랑한다./내가 너를 사랑한다.
Ich liebe dich./Ich bin es, der dich liebt.

• 저는 당신을 사랑합니다.
Ich liebe Sie.

• 그는 학생이다.
Er ist ein Student.

• 그이는 경찰이다.
Er ist ein Polizist.

• 너는 그녀를 좋아한다./네가 그녀를 좋아한다.
Du magst sie./Du bist es, der sie mag.

• 우리는 행복하다.
Wir sind glücklich.

• 저는 군인입니다./제가 군인입니다.
Ich bin ein Soldat, Sir./Ich bin es, der ein Soldat ist, Sir.

• 선생님, 저희는 영어를 공부합니다.
Wir lernen Englisch, Herr.

• 그들은 테니스를 합니다.
Sie spielen Tennis, Frau.

• 너희는 부지런하다.
Ihr seid fleißig.

• 그분들은 선생님들이다.
Sie sind Lehrer.

2 Demonstrativpronomen(지시대명사)

	dies/hier(in der Nähe der 1. Person)	das/dort(in der Nähe der 2. Person)	das/dort(weg von den beiden)	unbestimmt
Person	이이, 이분	그, 그이, 그녀, 그분	저이, 저분	아무, 누구
Sache	이것	그것	저것	아무 것
Platz	여기, 이곳	거기, 그곳	저기, 저곳	아무 곳, 아무 데

• 이이는 저의 남편입니다.
Dies ist mein Mann, Sir.

* "저의" ist der Genitiv der 1. Person(Demütiger Titel) als Bestimmungswort(BW).

* "~의" aus "저의" ist die prä-nominale PP, das "besitzanzeigend" bedeutet.

* Es gibt nur eine prä-nominale PP, nämlich "~의".

• 이분은 교장선생님입니다.
Dies ist der Schulleiter, Sir.

• 거기에 아무(=누구)도 없다.
Dort ist niemand.

• 아무(=누구)나 오너라.
Komm schon irgendeiner!

• 이것은 나의 책이다.
Dies ist mein Buch.

• 여사님, 그것은 당신의 우산입니다.
Das ist Ihr Regenschirm, Madam.

• 아무것이나 입어라.
Zieh irgendeine an!

• 여기는 그분의 집이다.
Hier ist sein Haus.

• 저곳은 극장이다.
Jener Ort ist ein Theater.

• 아무 곳에서 식사하자.
Lass uns an irgendeinem Ort essen!

• 아무 데라도 가거라.
Geh irgendwohin!

• 이곳에서 자자.
Lass uns hier schlafen!

* "~도", "~나", "~이나" und "~라도" sind Arten von Hilfs-PP(☞Abschnitt 15), die verwendet werden, um anstelle von der subjektiver PP, objektiver PP und adverbialer PP, eine zusätzliche Bedeutung hinzuzufügen.
* "~에" ist eine adverbiale PP, was "bei", "in", "zu", etc. bedeutet.
* "~에서" ist auch eine adverbiale PP, was "aus", "bei", "in", "von ", "seit", etc. bedeutet.

"이", "그", "저" und "아무" sind demonstrative BW(Bestimmngswort), die auf Person, Sache oder Ort zeigen.

Mit den folgenden Beispielfällen werden Sie verstehen, wie die demonstrativen BW verwendet werden.

(1) **Wenn auf Stuhl zeigend,**

- 이 의자(들): Dieser Stuhl(Diese Stühle)
- 그 의자(들): Jener Stuhl(Jene Stühle)
- 저 의자(들): Jener Stuhl(Jene Stühle)
- 아무 의자(들): Irgendein Stuhl(Irgendwelche Stühle, Jeder Stuhl)

(2) **Wenn auf Person zeigend,**

- 이 사람(들): Diese Person(Diese Personen)
- 그 사람(들): Jene Person(Jene Personen)
- 저 사람(들): Jene Person(Jene Personen)
- 아무 사람(들): Irgendeine Person(Irgendwelche Personen. Jedermann)

(3) **Wenn auf Student zeigend,**

- 이 학생(들): Dieser Student(Diese Studenten)
- 그 학생(들): Jener Student(Jene Studenten)
- 저 학생(들): Jener Student(Jene Studenten)
- 아무 학생(들): Irgendein Student(Irgendwelche Studenten, Jeder Student)

Notiz

Im Koreanischen gibt es kein Genitiv-Kasus des Pronomens. Stattdessen können alle Pronomina mit der prä-nominalen Postposition(관형격조사: "~의") als Possessivpronomen verwendet. (Beispiele: 나의/mein, 너의/dein, 우리의/unser, 너희의/euer, 당신의/Ihr, 그들의/ihr, usw.)

Tempus von deklinierbarem Wort und prädikativer Postposition

| 용언과 서술격조사의 시제 |

Im Koreanischen drückt man das Tempus aus, indem man die Wortendung(어미) als Konjugation des deklinierbaren Wortes und der prädikativen PP[~(이)다] ändert. In diesem Abschnitt wird das Tempus anhand der Beispielwörter erklärt, die auf dem Infinitiv und dem Indikativ basieren und die keinen Ausdruck der Höflichkeit für leichteres Verständnis haben. Anders als Deutsch wird das Wort namens Infinitiv auch auf das Adjektiv angewendet, da das Adjektiv im Koreanischen ebenso wie das Verb die Kojnugation des Tempus aufweist.

1 Regeln für die Konjugation von 용언 und 서술격조사

(1) Alle Infinitive, die Wörterbuchform sind, haben "~다" als letzte Silbe der Wortendung(어미).

(2) Der Infinitiv des Adjektivs und der prädikativen Postposition impliziert sowohl die Gegenwartsform als auch die Wörterbuchform.

(3) Für die Gegenwartsform des Verbs wird "~ㄴ" als Schlusskonsonant oder "~는~" zwischen den Wortstamm(어간) und Wortendung(어미: ~다) eingefügt.

(4) Für die Vergangenheitsform von allen werden "~ㅆ" als Schlusskonsonant, "~았~" oder "~었~" zwischen 어간 und 어미(~다) eingefügt.

(5) Der Infinitiv von 용언, der mit "~하다" endet, ändert das Ende für die Vergangenheitsform in "~하였다(schriftsprachlich)/ ~했다(umgangssprachlich)".

(6) Für die Vorvergangenheitsform von allen wird "~었~" zusätzlich vor der Wortendung(~다) der Vergangenheitsform eingefügt.

(7) Für das Futur wird die Wortendung in "~ㄹ 것이다" geändert, oder "~겠~" zwischen 어간 und 어미 eingefügt.

Verwandte Ausdrücke

- Tempus/Zeitform: 시제
- Präsens/Gegenwart: 현재시제
- Vergangenheitsform: 과거시제
- Vorvergangenheitsform: 대과거시제
- Futur: 미래 시제
- Wortstamm: 어간(Der Teil, der sich bei der Konjugation von Verben und Adjektiven nicht ändert.)
- Wortendung: 어미(Der Teil, der an den Wortstamm des Verbs oder Adjektivs angehängt ist und sich während der Konjugation ändert.)
- Infinitiv: 부정사(Wörterbuchform des Verbs und des Adjektivs)

2 Konjugation von 용언 und 서술격조사

	부정사 (어간 + 어미)	뜻	현재시제	과거시제	대과거시제	미래시제
서술격 조사	~(이)다	-	~(이)다	~였다 (~이었다)	~였었다 (~이었었다)	~일 것이다
Verb (동사)	가다 (가 + 다)	gehen	간다	갔다	갔었다	갈 것이다 / 가겠다
	오다 (오 + 다)	kommen	온다	왔다	왔었다	올 것이다 / 오겠다
	먹다(먹 + 다)	essen	먹는다	먹었다	먹었었다	먹을 것이다 / 먹겠다
	사다 (사 + 다)	kaufen	산다	샀다	샀었다	살 것이다 / 사겠다
	팔다 (팔 + 다)	verkaufen	판다	팔았다	팔았었다	팔 것이다 / 팔겠다
	만나다 (만나 + 다)	begegnen, treffen	만난다	만났다	만났었다	만날 것이다 / 만나겠다
	배우다 (배우 + 다)	lernen	배운다	배웠다	배웠었다	배울 것이다 / 배우겠다
	일하다 (일하 + 다)	arbeiten	일한다	일했다 일하였다	일했었다	일할 것이다 / 일하겠다
	공부하다 (공부하 + 다)	studieren	공부한다	공부했다 공부하였다	공부했었다	공부할 것이다 / 공부하겠다
Adjekti -v (형용사)	아름답다 (아름답 + 다)	schön	아름답다	아름다웠다	아름다웠었다	아름다울 것이다 / 아름답겠다
	빠르다 (빠르 + 다)	schnell	빠르다	빨랐다	빨랐었다	빠를 것이다 / 빠르겠다
	덥다 (덥 + 다)	heiß	덥다	더웠다	더웠었다	더울 것이다 / 덥겠다
	게으르다 (게으르 + 다)	faul	게으르다	게을렀다	게을렀었다	게으를 것이다 / 게으르겠다
	부지런하다 (부지런하+다)	fleißig	부지런하다	부지런했다	부지런했었다	부지런할 것이다 / 부지런하겠다

	건강하다 (건강하 + 다)	gesund	건강하다	건강했다	건강했었다	건강할 것이다 / 건강하겠다
Adjekti -v (형용사)	시원하다 (시원하 + 다)	kühl	시원하다	시원했다	시원했었다	시원할 것이다 / 시원하겠다
	있다 (있 + 다)	existieren	있다	있었다	있었었다	있을 것이다 / 있겠다
	없다 (없 + 다)	nicht existieren	없다	없었다	없었었다	없을 것이다 / 없겠다

(1) Variante von 어미 basierend auf dem Tempus

- "~다." in allen Formen werden als die endgültige Wortendung(어말어미) bezeichnet.
- "~았~", "~었~", "~겠~" usw. vor "~다." werden als die vorhergehende Wortendung(선어말어미) bezeichnet, die die Bedeutung von Zeitform, Höflichkeit, Wille oder Vermutung hinzufügt.
- In der Vergangenheitsform wird "~았~" verwendet, wenn der Vokal der vorhergehenden Silbe positiv ist, und "~었~" wird verwendet, wenn der Vokal negativ oder neutral ist. Bei unregelmäßigem 용언 kann diese Regel jedoch nicht angewendet werden.

  • ~이다 → ~이었다
  • 먹다 → 먹었다
  • 팔다 → 팔았다
  • 사다 → 샀다(← 사았다)
  • 있다 → 있었다
  • 웃다(lachen) → 웃었다
  • 가다 → 갔다(← 가았다)
  • 오다 → 왔다(← 오았다)
  • 만나다 → 만났다(← 만나았다)
  • 배우다 → 배웠다(← 배우었다)
  • 없다 → 없었다

- "~했다" und "~했었다" von 동사 und 형용사, die aus "~하다" konjugiert sind, sind umgangssprachlich. Die Schriftsprache nutzt "~하였다" und "~하였었다".
- 용언 wie "가다", "오다", "일하다", "공부하다" und alle 형용사 außer "있다" und "없다" unter den Beispielwörtern heißen 불규칙용언(unregelmäßig deklinierbares Wort Abschnitt 16).

- 용언 wie “먹다”, “사다“, ”팔다“, ”배우다“, “만나다”, “있다” und “없다” heißt 규칙용언(regelmäßig deklinierbares Wort Abschnitt 16).
- 대과거시제 wird verwendet, um das lang vergangene Ereignis, die Erfahrung oder die Erinnerung auszudrücken.
- “~겠~” im Verb als 선어말어미 drückt das Futur mit dem Willen oder der Vermutung zusammen aus. Im Falle des Adjektivs drückt es das Futur oder die Gegenwart nur mit der Vermutung aus.
- “~ㄹ 것이다.” für das Futur hinzufügt nur die Bedeutung der Vermutung.
- Wenn die Wortendungen(~다) aus jedem 용언 in 과거시제 und 대과거시제 mit "~어“umgetauscht wird, werden alle umgangssprachliche Niederausdrücke.(Abschnitt 8) (Beispile: 갔어/갔었어, 왔어/왔었어, 먹었어/먹었었어.........)

(2) Beispielsätze

- 나의 아버지는 컴퓨터를 ① 판다./② 팔았다.
  ① Mein Vater verkauft Computer.
  ② Mein Vater verkaufte Computer.
- 철수는 아침에 병원에 ① 갔다./② 갔었다.
  ① Cheolsu ging am Morgen ins Krankenhaus.
  ② Cheolsu war am Morgen ins Krankenhaus gegangen.
- 어제 친구가 ① 왔다./② 왔었다.
  ① Ein Freund ist gestern gekommen.
  ② Ein Freund war gestern gekommen.
- 나는 내년에 운전을 ① 배울 것이다./② 배우겠다.
  ① Ich werde nächstes Jahr das Autofahren lernen.
  ② Ich will nächstes Jahr das Autofahren lernen.
- 그는 작년에 컴퓨터를 배웠었다.
  Er hatte den Computer letztes Jahr gelernt.
- 영식이는 작년에 영어를 공부했었다.
  Yeongsik hatte letztes Jahr Englisch studiert.

• 어렸을 때, 그녀는 ① 예뻤다./② 예뻤었다.

① Als sie jung war, war sie hübsch.

② Als sie jung war, war sie hübsch gewesen.

• 영식이는 게으르다.

Yeongsik ist faul.

* Wenn der Name der Person in der letzten Silbe 받침자음 hat, ist die subjektive PP "~이는", aber wenn es kein 받침자음 gibt, ist die subjektive PP "~는".

(영수는, 영철이는, 영희는, 갑순이는)

• 갑돌이는 매우 부지런하다.

Gapdol ist sehr fleißig.

"Vermutung für die Gegenwart mit Konjugation des Futur

(1) **"(형용사)~ㄹ 것이다./~겠다" am Adjektiv drückt die Vermutung in der Gegenwart aus, indem es mit dem Adverb zusammen verwendet wird, welches die Gegenwart impliziert.**

• 필리핀은 지금 더울 것이다. / 덥겠다.

Ich denke/vermute, dass die Philippinen zur Zeit heiß sind.

(지금: jetzt, zur Zeit)

• 할아버지는 아직 건강할 것이다.

Ich denke, dass Großvater immer noch gesund ist.

(아직: noch, immer noch)

(2) **"(동사)~고 있을 것이다./~고 있겠다." am Verb drückt die Vermutung in der Gegenwart aus, indem es mit dem Adverb zusammen verwendet wird, welches die Gegenwart impliziert.**

• 그는 지금 학교에 가고 있을 것이다./가고 있겠다.

Ich denke/vermute, dass er jetzt zur Schule geht.

• 철수는 오늘 공부하고 있을 것이다./공부하고 있겠다.

Ich denke, dass Cheolsu heute studiert.

(오늘: heute)

Die Dauerform des Verbs

(1) **Die Dauerform des Präsens: (어간)~고 있다./~고 있는 중이다.**

- 그는 지금 학교에 가고 있다./가고 있는 중이다.
  Er ist jetzt unterwegs zur Schule.

- 나는 지금 영어를 공부하고 있다./공부하고 있는 중이다.
  Ich bin jetzt am Studieren des Englisch.

- 그들은 사과를 먹고 있다./먹고 있는 중이다.
  Sie sind beim Essen der Äpfel.

- 명숙이는 지금 운전을 배우고 있다./배우고 있는 중이다.
  Myeongsuk ist am Lernen des Autofahrens.

- 그는 아침부터 바다에서 수영하고 있다./수영하고 있는 중이다.
  Seit dem Morgen ist er im Meer am Schwimmen.

(2) **Die Dauerform der Vergangenheitsform: (어간)~고 있었다./~고 있는 중이었다.**

- 그는 학교에 가고 있었다./가고 있는 중이었다.
  Er war unterwegs zur Schule.

- 나는 영어를 공부하고 있었다./공부하고 있는 중이었다.
  Ich war am Studieren des English.

- 그들은 사과를 먹고 있었다./먹고 있는 중이었다.
  Sie waren beim Essen der Äpfel.

- 명숙이는 운전을 배우고 있었다./배우고 있는 중이었다.
  Myeongsuk war am Lernen des Autofahrens.

(3) **Die Dauerform der Vorvergangenheitsform: (어간)~고 있었었다./~고 있는 중이었었다.**

"Bitte, versuchen Sie es selbst mit den obigen Beispielsätzen."

* "~고 있는 중이다./중이었다./중이었었다." betonen den verlaufenden Zustand mehr als "~고 있다./있었다./있었었다."

Verwendung von “~겠~”

(1) **Wenn das Subjekt die 1. Person(ich, wir) ist, drückt “~겠~” den Willen des Subjekts im Futur des Verbs aus.**

- 우리는 오후에 그를 만나겠다.
  Wir wollen ihn am Nachmittag treffen.
- 나는 저 집을 사겠다.
  Ich will das Haus kaufen.
- 내가 시장에 가겠다.
  Ich bin die Person, die auf den Markt gehen will.

(2) **“~겠~” passt nicht zum Subjekt der 2. oder der 3. Person oder zu Sache, um das Tempus, den Willen oder die Vermutung mit dem Verb ausdrücken.**

(3) **Wenn “~겠~” mit dem Adjektiv für das Subjekt der 2. oder der 3. Person oder Sache kombiniert wird, impliziert “~겠~” nur die Vermutung der Person, die spricht. In diesem Fall kann “~ㄹ 것 같다.” anstelle von “~겠다.“ verwendet werden.**

- 너는 학교에 늦겠다(← 늦다)./늦을 것 같다.
  Ich denke/vermute, dass du zu spät zur Schule kommen wirst.
- 그는 이미 학교에 늦었겠다(← 늦었다)./늦었을 것 같다.
  Ich denke, dass er schon zu spät zur Schule kam.
- 저 산은 매우 높겠다(← 높다)./높을 것 같다.
  Ich denke, jener Berg ist sehr hoch.
- 기차가 택시보다 더 빠르겠다(. ← 빠르다)/빠를 것 같다.
  Ich denke, der Zug ist schneller als das Taxi.

ABSCHNITT 08

Niederausdruck und Höflichkeitsausdruck

| 낮춤표현과 높임표현 |

Die Ausdrücke auf Koreanisch werden in Höflichkeitsausdruck, der das Höflichkeitswort(존댓말) verwendet, und Niederausdruck, der das Niederwort(반말) verwendet, eingeteilt. Wieder wird der Höflichkeitsausdruck umgangssprachlich, schriftsprachlich und hochhöflich eingeteilt. Im Deutschen werden der Respekt und die Höflichkeit durch die Ehrentitel, die Sie, Sir, Madam, Herr, Frau, Fräulein, usw. sind, mit Leichtigkeit ausgedrückt. Eine besondere Schwierigkeit im Koreanischen sind die Grade der Höflichkeit durch Modifikation der Wortendung von 용언 und 서술격조사, und dann wird die modifizierte Wortendung, basierend auf dem Tempus und der Art des Satzes, erneut modifiziert. Eine weitere Schwierigkeit im Koreanischen ist, dass der Höflichkeitsausdruck auch für die 3. Person, die nicht zusammen im gleichen Ort ist, verwendet wird.

Notiz

Bitte, beachten Sie bei den deutschen Beispielsätzen im gesamten Buch, dass die Ehrentitel für den schriftsprachlich höflichen Satz und den hochhöflichen Satz("~ㅂ니다." und "~ㅂ니까?" auf Koreanisch) von Sir, Madam, Dame, Herr/Hr. ~, Frau/Fr. ~, Professor, Chef, General, oder so weiter, die die höfliche Förmlichkeit aus strengen Beziehungen ausdrücken, und die Ehrentitel für den umgangssprachlich höflichen Satz("~요." und "~요?" auf Koreanisch) von Opa, Oma, Mama, Papa, Hr. ~, Fr. ~, Onkel, Tante, oder so weiter, die die höfliche Förmlichkeit aus farmiliären Beziehung ausdrücken, willkürlich verwendet werden, um treuer zu sein zur Übersetzung des koreanischen Höflichkeitsausdrucks ins Deutsche trotz keines Ehrentitels in den koreanischen Beispielsätzen!

1 Grade der höflichen Ausdrücke

Beispiel (Gegenwart)	Niederwort(반말)	Höflichkeitswort(존댓말)					
		umgangsspr-achlich[1]		schriftsprachlich		hochhöflich	
Dek.[2]	Int.	Dek.[7]	Int.	Dek.	Int.	Dek.	Int.
간다.	가느냐 ?/ 가?	가요.		갑니다.		가십니다.	
온다.	오느냐? / 와?	와요.		옵니다.		오십니다.	
먹는다.	먹느냐? / 먹어?	먹어요.		먹습니다.		드십니다.[3]	
산다.	사느냐? / 사?	사요.		삽니다.		사십니다.	
판다.	파느냐? / 팔아?	팔아요.		팝니다.		파십니다.	
만난다.	만나느냐? / 만나?	만나요.		만납니다.		만나십니다.	-까?
배운다.	배우느냐? / 배워?	배워요.	-?	배웁니다.	-까?	배우십니다.	
일한다.	일하느냐? / 일해?	일해요.		일합니다.		일하십니다.	
공부한다.	공부하느냐? / 공부해?	공부해요.		공부합니다.		공부하십니다.	
아름답다.	아름다우냐? / 아름다워?	아름다워요.		아름답습니다.		아름다우십니다.	
빠르다.	빠르냐? / 빨라?	빨라요.		빠릅니다.		빠르십니다.	
덥다.	더우냐? / 더워?	더워요.		덥습니다.		X	X
게으르다.	게으르냐? /게을러?	게을러요.		게으릅니다.		게으르십니다.	-까?

부지런하다.	부지런하냐? / 부지런해?	부지런해요.		부지런합니다.		부지런하십니다.	-까?
건강하다.	건강하냐? /건강해?	건강해요.		건강합니다.		건강하십니다.	
시원하다.	시원하냐? /시원해?	시원해요.		시원합니다.		X	X
있다.	있느냐? / 있어?	있어요.	-?	있습니다.	-까?	계십니다.[4]	
없다.	없느냐? / 없어?	없어요.		없습니다.		안 계십니다.[5]	-까?
~(이)다.[6]	~(이)냐? / ~(이)야?	~이에요. /~예요.		~입니다.		~이십니다.	

[1] Die umgangssprachlichen Wortendungen(~요./~요?) für Höflichkeitsausdruck kann als der semi-höfliche Ausdruck akzeptiert werden.

[2] Dek.: Deklarativ, Int.: Interrogativ

[3] Das Höflichkeitswort von “먹다(essen)” ist “들다(→ 드신다./드시냐? → 드십니다./드십니까?)”.

[4] Das Höflichkeitswort von “있다(sein, es gibt, existieren)” ist “계시다(→ 계신다./계시냐? → 계십니다./계십니까?)”.

[5] “안” ist ein Adverb, das “nicht” bedeutet.

[6] ~(이)다: Prädikative PP(서술격조사)

[7] Wenn “요” ausgelassen wird, werden alle die umgangssprachlichen Niederwörter des Aussagesatzes.(Beispiele: 가. 와. 먹어. 사. 팔아. 공부해. 아름다워. usw.).

① Die Intonation steigt am Ende des Fragesatzes und sinkt am Ende des deklarativen Satzes.

- 지금 뭐 해?(⇗)
  Was machst du jetzt?
- 영어공부 해.(⇘)
  Ich lerne Englisch.
- 밥 먹고 있어?(⇗)
  Bist du beim Essen?
- 응, 밥 먹고 있어.(⇘)
  Ja. Ich bin beim Essen.

  * “해.” ist umgangssprachlich aus “하다”, das “tun” bedeutet.
  * 하다 → 한다./하느냐? → 합니다./합니까? → 하십니다./하십니까?

② Der hochhöfliche Ausdruck ist das respektvollste, und der schriftsprachliche höfliche Ausdruck ist respektvoller als der umgangssprachliche höfliche Ausdruck, der semi-höflich ist.

③ “~요.”, “~요?”, “~ㅂ니다.” und “~ㅂ니까?” sind die höflichen Wortendungen nur für die Person, die hört.

④ “~십니다.” und “~십니까?” der hochhöflichen Wortendungen sind nur für die Person, die hört, oder für die 3. Person zusammen.

⑤ Die Wortendung zur Frage(“~느냐?”) wird von alten Leuten verwendet. Anstelle von “~느냐?” wird “~ㄴ가?/~는가?” auch von alten Leuten verwendet.

(Beispiele: 가는가?, 오는가?, 파는가?, 공부하는가?, 아름다운가?, 있는가?, 없는가?)

2 Regeln für Höflichkeitsausdrücke

(1) Grundsätzlich wird das Niederwort(반말) vom Ältereren für den Jüngere verwendet, und das Höflichkeitswort(존댓말) wird vom Jüngeren für den Ältere verwendet.

(2) Die semi-höfliche Wortendung von “~요” wird sehr oft und bequem in der Umgangssprache verwendet, weil es Aussage(~요.), Lass-uns(~요.), Interrogativ(~요?), Ausruf(~요!) und Imperativ(~요.) von der 5 Arten des Satzes(☞Abschnitt 9) **impliziert.**

• 어디 가요?(⇗)
Wohin gehen Sie?

• 시장에 가요.(⇘)
Ich gehe zum Markt, Fr. ~.

• 빨리 와요.(⇒)
Kommen Sie schnell her!

• 아빠, 우리 놀러 가요.(⇘)
Laß uns spielen gehen, Papa!

• 엄마, 꽃이 너무 예뻐요!(⇘)
Was für eine schöne Blume, Mama!

(3) Die hochhöflichen Wortendungen werden nur für Person und Gott verwendet.

(4) Wenn die 3. Person jünger ist als die Person, die hört, wird der Höflichkeitsausdruck für die 3. Person nicht verwendet.

(5) Die Wortendung von "~까?" zeigt den Fragesatz an und die Wortendung von "~다." zeigt den Aussagesatz an.

3 Beispielsätze mit dem Höflichkeitswort von Fall zu Fall

(1) Höflichkeitswort für die Person, die hört

- 아저씨, 저는 친구 집에 가요.
  Ich gehe zum Haus meines Freundes, Onkel.
- 할아버지, 어디 가십니까?/가세요?
  Opa, wohin gehen Sie?
  * "~세요." ist auch eine umgangssprachlich höfliche Wortendung.
  - 오십니다./오십니까? → 오세요./오세요?
  - 드십니다./드십니까? → 드세요./드세요?
  - 계십니다./계십니까? → 계세요./계세요?
  - 공부하십니다./공부하십니까?. → 공부하세요./공부하세요?
- 엄마, 오늘 영수가 우리 집에 와요.
  Mama, heute wird Yeongsu zu uns nach Hause kommen.
- 저의 형은 공장에서 일합니다.
  Mein Bruder arbeitet in der Fabrik, Sir.
- 누나는 지금 밥을 먹고 있습니다.
  Meine Schwester ist jetzt beim Essen, Madam.
- 영수는 게으릅니다.
  Yeongsu ist faul, Sir.
- 기택이는 창고에서 일하고 있습니다.
  Gitaek ist bei der Arbeit im Lager, Sir.

- 순자는 집에 없어요.
  Sunja ist nicht zu Hause, Fr. ~.
- 비행기는 기차보다 더 빠릅니까?
  Ist das Flugzeug schneller als der Zug, Sir?
- 예, 더 빠릅니다.
  Jawohl. Schneller.
- 아니요. 더 느려요.
  Nein Hr. ~. Langsamer.

(2) Niederwort für die Person, die hört

- 너는 지금 어디 있느냐?/있어?/있는가?
  Wo bist du jetzt?
- 나는 이 시장에서 과일을 사./산다.
  Ich kaufe Früchte auf diesem Markt.
- 그는 매우 부지런해./부지런하다.
  Er ist sehr fleißig.
- 네 아들은 정말 게을러./게으르다.
  Dein Sohn ist wirklich faul.
- 나는 지금 학교에서 공부하고 있다./있어.
  Jetzt lerne ich in der Schule.
- 순자는 교실에 없다./없어.
  Sunja ist nicht im Klassenzimmer.
- 그 나라는 더워?/더우냐?/더운가?
  Ist das Land heiß?
- 우리나라 겨울은 너무 춥다./추워.
  Der Winter unseres Landes ist zu kalt.
- 철수는 열심히 공부하고 있어?/있느냐?/있는가?
  Lernt Cheolsu gut?
- 응, 열심히 공부하고 있어.
  Ja, lernt gut.

• 아니, 열심히 공부 안 해.
Nein, lernt nicht gut.

(3) Höflichkeitswort für die Person, die hört, und die 3. Person zusammen

• 저의 선생님이 저희 집에 오십니다.
Heute kommt mein Lehrer zu uns nach Hause, Sir.

* "~의" ist einzige prä-nominale PP(관형격조사), die das Genitiv für die Bedeutung des Besitzes andeutet. Daher kann "저의" ein Possessivpronomen oder ein Genitiv-Prä-Nomen(소유격관형사) sein, das das folgende Wort(선생님) modifiziert.

• 저의 어머니는 집에 계십니다.
Meine Mutter ist zu Hause, Madam.

• 교장선생님은 학교에 안 계십니다.
Der Schulleiter ist nicht in der Schule, Sir.

• 할머니는 지금 수박을 드십니다.
Oma isst jetzt Wassermelone, Herr.

• 저의 아버지는 지금 농장에서 일하고 계십니다.
Mein Vater ist jetzt bei der Arbeit auf der Farm, Madam.

• 저희 할머니는 아직 처녀처럼 아름다우십니다.
Unsere Oma ist immer noch schön wie eine junge Frau, Frau.

* "~처럼", ist eine adverbiale PP und bedeutet "wie" oder "als ob".

• 저의 할아버지는 정말 부지런하십니다.
Mein Großvater ist wirklich fleißig, Sir.

• 사장님은 지금 사무실에 계십니까?
Ist der Präsident jetzt im Büro, Sir?

* "~님" ist eine Vokativ-PP, die den Respekt ausdrückt.

• 예, 계십니다.
Jawohl. Er ist.

• 아니요. 안 계십니다.
Nein Sir. Er ist nicht.

(4) Niederwort für die Person, die hört, aber Höflichkeitswort für die 3. Person

- Um der 3. Person gegenüber höflich aber der Person gegenüber, die hört, nicht höflich zu sein, ändert sich die Wortendung(~십니다.) wie folgt.

  - "~십니다." im Verb: "~ 신다.(schriftsprachlich)" und
    "~셔.(umgangssprachlich)".
  - "~십니다." im Adjektiv: "~시다."(schriftsprachlich) und
    "~셔." (umgangssprachlich)".

- 나의 선생님이 우리 집에 오신다./오셔.
  Mein Lehrer kommt heute zu uns nach Hause.

- 나의 어머니는 집에 계신다./계셔.
  Meine Mutter ist zu Hause.

- 교장선생님은 학교에 안 계신다./계셔.
  Der Schulleiter ist nicht in der Schule.

- 할머니는 지금 수박을 드신다./드셔.
  Oma isst jetzt Wassermelone.

- 나의 아버지는 지금 농장에서 일하고 계신다./계셔.
  Mein Vater ist jetzt bei der Arbeit auf der Farm.

  * "~ 고 계신다." in diesem Satz ist der höfliche Ausdruck von "~고 있다." als das Hilfsverb für Dauerform.(Abschnitt 16)

- 우리 할머니는 아직도 여전히 처녀처럼 아름다우시다./아름다우셔.
  Unsere Oma ist immer noch schön wie eine junge Frau.

- 나의 할아버지는 정말 부지런하시다./부지런하셔.
  Mein Großvater ist wirklich fleißig.

- 사장님은 지금 사무실에 계시냐?/계셔?
  Ist der Präsident jetzt im Büro?

- 응, 계셔.
  Ja. Er ist.

- 아니, 안 계셔.
  Nein. Er ist nicht.

4 Eigene Wörter für Höflichkeit des deklinierbaren Wortes

Ehrenwort	Übliches Wort	현재시제	과거시제	미래시제
들다	먹다(essen) 마시다(trinken)	드신다	드셨다	드실 것이다
드리다→1	주다(geben)	드린다	드렸다	드릴 것이다 드리겠다 →2
주무시다	자다(schlafen)	주무신다	주무셨다	주무실 것이다
편찮으시다	아프다(krank)	편찮으시다	편찮으셨다	편찮으실 것이다
돌아가시다	죽다(sterben)	X	돌아가셨다	돌아가실 것이다
타계하시다	죽다(sterben)	X	타계하셨다	타계하실 것이다
모시다[1]	안내하다 (begleiten) 돌보다 (versorgen)	모신다	모셨다	모실 것이다 모시겠다[2]
계시다	있다 (sein, bleiben)	계신다	계셨다	계실 것이다
말씀하시다	말하다 (sagen, reden)	말씀하신다	말씀하셨다	말씀하실 것이다
말씀드리다[1]	말하다 (sagen, reden)	말씀드린다	말씀드렸다	말씀드릴 것이다 말씀드리겠다[2]
뵈다[1]	보다(sehen) 만나다 (begegnen)	뵌다	뵈었다	뵐 것이다 뵙겠다[2]

[1] Demutswörter(겸양어), die verwendet werden, damit das Subjekt des Satzes oder die Person, die spricht, demütig ist, um den Höflichkeit gegenüber der Person, die hört, oder der 3. Person auszudrücken.

[2] Die Wille des Subjeks oder der Person, die spricht, in Futur ist impliziert.

- 할아버지는 지금 방에서 주무시고 계십니다.

  Opa ist jetzt am Schlafen im Zimmer, Herr.

  * "~고 계십니다." ist der höfliche Ausdruck in der Gegenwart des "~고 있습니다".
  * "주무시고 계신다." ist der höfliche Ausdruck nur für Opa(할아버지), der die 3. Person ist, und "~ㅂ니다." aus "계십니다." ist der höfliche Ausdruck für die Person, die hört.

• 할머니, 과일 드시겠어요?
Oma, würden Sie Obst essen?

• 나는 어제 아버지를 모시고 학교에 갔다.
Ich habe meinen Vater gestern zur Schule begleitet.

* "~고" ist eine Bindewortendung(연결어미, Abschnitt 20) von 용언.
* "~에" ist eine adverbiale PP, die die Richtung zu einem Ort impliziert.
* 모시고 가다: begleiten, eskortieren

• 어제 외할아버지가 돌아가셨습니다./타계하셨습니다.
Der Großvater mütterlicherseits ist gestern gestorben, Madam.

• 나는 내일 선생님에게 이 책을 드리겠다.
Ich werde dieses Buch morgen dem Lehrer geben.

* "~에게" ist eine adverbiale PP, die die Richtung zum Dativobjekt impliziert, das das Lebewesen mit Herz(Mensch oder Tier) ist. Wenn es die Kreatur ohne Herz oder das leblose Wesen ist, wird "~에" verwendet.

- 나는 꽃밭에 물을 주었다.
  Ich habe den Blumengarten bewässert.
- 나는 고양이에게 물을 주었다.
  Ich gab der Katze Wasser.
- 나는 그저께 아버지에게 용돈을 드렸어.
  Ich habe meinem Vater vorgestern das Taschengeld gegeben.

• 사장님은 내일 오신다고 말씀하셨어요.
Der Präsident sagte, dass er morgen kommen würde, Hr. ~.

• 내일 선생님을 뵙고 인사하겠습니다.
Ich werde den Lehrer morgen sehen und ihn begrüßen, Sir.

ABSCHNITT 09

Arten des Satzes

| 문장의 종류 |

Die Sätze der koreanischen Sprache können basierend auf der Modifikation der Wortendung des Prädikates in fünf Arten klassifiziert werden.

* Aussagesatz: 평서문

* Fragesatz: 의문문

* Imperativsatz: 명령문

* “Lass uns”-Satz: 청유문

* Ausrufesatz: 감탄문

1 Aussagesatz(평서문)

Der Aussagesatz ist der Satz, der nur die Realität, Wahrheit, Nachrichten usw. aus Sicht der Person, die spricht, ohne Aufforderung oder Frage zu der Person, die hört, übermittelt.

- 영수는 책을 읽는다.
  Yeongsoo liest ein Buch.
- 그 영화는 아주 재미있다.
  Der Film ist sehr interessant.
- 날씨가 너무 추워요.
  Das Wetter ist zu kalt, Fr. ~.
- 요즈음 경제가 좋아지고 있다.
  In diesen Tagen verbessert sich die Wirtschaft.
- 저는 대학교에서 불어를 전공합니다.
  Ich studiere Französisch als Hauptfach an der Universität, Sir.
- 할머니는 매우 건강하십니다.
  Oma ist sehr gesund, Madam.
- 나는 어제 기차역에서 고향친구를 만났어.
  Gestern habe ich am Bahnhof einen Freund aus unserer Provinz getroffen.
- 저는 한국말을 할 수 있습니다.
  Ich kann Koreanisch sprechen, Herr.
- 그는 독일어를 열심히 공부하고 있다.
  Er lernt eifrig Deutsch.
- 어젯밤에 시내에서 화재가 발생했습니다.
  Letzte Nacht brach in der Innenstadt ein Feuer aus, Sir.
- 대한민국은 민주주의 국가이다.
  Die Republik Korea ist ein demokratisches Land.

2 Fragesatz(의문문)

Der Fragesatz gliedert sich in Ja/Nein-Fragesatz(예/아니오 의문문), der die Antwort "Ja" oder "Nein" erfordert, und Fragewort-Fragesatz(의문사 의문문), der das Fragewort verwendet.

(1) 예/아니오 의문문: Die Intonation steigt am Ende des Satzes.

- 밥 먹었어?(⇗)
  Hast du die Mahlzeit gegessen?
- 응, 벌써 먹었어.(⇘)
  Ja, habe ich schon gegessen.
- 아니, 아직 안 먹었어. (⇘)
  Nein, habe ich noch nicht.
- 이 영화 재미있어요?
  Ist dieser Film interessant, Hr. ~?
- 예, 재미있어요.
  Jawohl. Er ist interessant.
- 아니요, 재미있지 않아요./재미없어요.
  Nein, Hr. ~. Er ist nicht interessant.
- 공항은 가깝습니까?
  Ist der Flughafen in der Nähe, Sir?
- 예, 가깝습니다.
  Jawohl. Er ist nah.
- 아닙니다. 가깝지 않습니다.
  Nein, Sir. Er ist nicht in der Nähe.
- 맛있게 드셨습니까?
  Haben Sie köstlich gegessen, Sir?
- 예, 맛있게 먹었습니다.
  Jawohl. Ich habe lecker gegessen.

• 아니요, 맛있게 먹지 않았습니다.

Nein, Sir. Ich habe nicht lecker gegessen.

○ Antwort mit “Ja” oder “Nein”

	반말	존댓말
Ja	응./그래.	예.
Nein	아니.	아니요. * Umgangssprachlich
	아니야. * Betont die Negation.	아닙니다. * Schriftsprachlich

(2) 의문사 의문문: Am Ende des Satzes geht die Intonation ein bisschen nach unten oder nach oben.

한국어	독일어	Beispielsatz(예문)
누구	Wer	당신은 누구십니까? Wer sind Sie, Sir? 너는 누구에게 전화를 했느냐? Mit wem hast du telefoniert?
무엇, 무슨, 어떤	Was, Welche	이것은 무엇이에요? Was ist das, Fr. ~? 무슨/어떤 음식을 좋아해? Welches Essen magst du? 어떤 종류의 옷을 원하세요? Was für ein Kleid wollen Sie?
어느 (것)	Welche	어느 것이 너의 책이냐? Welches ist dein Buch? 어느 차가 당신 것입니까? Welches Auto gehört Ihnen, Sir?
몇	Wie viele	하루에 몇 시간 일하세요? Wie viele Stunden an einem Tag arbeiten Sie? 한 달은 며칠(← 몇일)이냐? Wie viele Tage hat ein Monat?
언제	Wann	우리는 언제 출발해? Wann fahren wir ab? 선생님, 독일은 언제 통일되었습니까? Wann wurde Deutschland wiedervereint, Herr?

어디	Wo	너는 어디에서 자느냐? Wo schläfst du? 모자는 어디에 있어요? Wo ist der Hut, Hr. ~? 철수야, 어디로 가느냐? Wohin gehst du, Cheolsu?
어떻게	Wie	그는 어떻게 학교로 갑니까? Wie geht er zur Schule, Sir? 이 문제는 어떻게 풀어요? Wie lösen Sie dieses Problem?
얼마나	Wie	학교는 얼마나 멀어요? Wie weit ist die Schule, Hr. ~? 기차로 얼마나 걸려요? Wie lange dauert es mit dem Zug, Hr. ~?
왜	Warum	왜 독일어를 공부해요? Warum lernen Sie Deutsch? 왜 한국은 아직 통일을 못했어요? Warum ist Korea noch nicht wiedervereinigt, Herr?
얼마	Wie viel kostet	이 신발은 얼마예요? Wie viel kostet dieses Paar Schuhe, bitte? 이 시계는 얼마에 샀느냐? Für wie viel hast du diese Uhr gekauft?

(3) Modifikationen der Wortendung zur Frage von "~나요?" und "~ ㄴ가요?"

Diese beiden obigen Modifikationen der Wortendug werden auch üblicherweise und umgangssprachlich zur Frage verwendet, die den semi-höflichen Ausdruck enthalten. Bei Verwendung dieser Wortendungen sinkt die Intonation am Ende des Satzes ein bißchen. Wenn "요" aus "~나요?" und "~ ㄴ가요?" ausgelassen wird, werden die Sätze die Niederausdrücke.

① (동사, 있다/없다)~나요?

- 엄마, 우리는 언제 식사하나요?(=식사해요?)
  Wann essen wir, Mama?
- 할머니, 저는 내일 학교에 가나요?(=가요?)
  Gehe ich morgen zur Schule, Oma?

- 이 소식을 믿어도 되나요?(=돼요?)
  Kann ich diese Nachricht glauben, Hr. ~?
- 영수는 언제 오나요?(=와요?)
  Wann kommt Yeongsu, Hr. ~?
- 누가 교실에 있나요?(=있어요?)
  Wer ist im Klassenzimmer, Hr. ~?
- 해변에 사람이 없나요?(=없어요?)
  Ist niemand am Strand, Fr. ~?

② [형용사, ~(이)다]~ㄴ가요?

- 선생님의 여자 친구는 예쁜가요?(=예뻐요?)
  Ist die Freundin des Lehrers hübsch, Hr. ~?
- 그 일은 힘든가요?(=힘들어요?)
  Ist dieser Job schwierig, Hr. ~?
- 영수는 학생인가요?(=학생이에요?)
  Ist Yeongsu ein Student, Hr. ~?
- 저 사람은 누구인가요?(=누구예요?)
  Wer ist jene Person, Hr. ~?

(4) Modifikation der Wortendung zur Frage von "(어간)~ㄹ까(요)?":

"(어간)~ㄹ까(요)?" wird auch üblicherweise sehr oft in der Umgangssprache zur Frage nach einer Vermutung verwendet.

- 저 옷은 비쌀까(← 비싸다)?
  Glaubst du, dass jene Kleidung teuer ist?
- 영수는 언제 도착할까요(← 도착하다)?
  Wann wird Yeongsu ankommen, Hr. ~?
- 지금 교실에 학생들이 있을까(← 있다)?
  Denkst du, dass die Studenten jetzt im Klassenzimmer sind?
- 선생님의 여자 친구는 예쁠까요(← 예쁘다)?
  Glauben Sie, dass die Freundin des Lehrers hübsch ist?
- 영수는 학생일까(← 학생이다)?
  Glaubst du, dass Yeongsu ein Student ist?

3 Imperativsatz(명령문)

Der Imperativsatz gegenüber der Person, die hört, verwendet das Verb, das die imperativisch modifizierte Wortendung hat. Die grundlegenden imperativischen Modifikationen der Wortendungen sind "~(으)십시오.", "~(으)세요.", "~(으)시오.", "~아./~어.", "~아라./~어라." und "~게.".

Beispiel (Infinitiv)	뜻	존댓말			반말
		hochhöflich ~(으)십시오.	umgangs-sprachlich ~(으)세요.	schrift-sprachlich ~(으)시오.	~아(~어)./~아(~어)라./~게.[5]
가다[1]	gehen	가십시오.	가세요.	가시오.	가./가거라./가게.
오다[2]	kommen	오십시오.	오세요.	오시오.	와./오너라./오게.
주다	geben	주십시오.	주세요.	주시오.	줘(← 주어)./줘라./주게.
앉다	sich setzen	앉으십시오.	앉으세요.	앉으시오.	앉아./앉아라./앉게.
일어서다	aufstehen	일어서십시오.	일어서세요.	일어서시오.	일어서./일어서라./일어서게.
읽다	lesen	읽으십시오.	읽으세요.	읽으시오.	읽어./읽어라./읽게.
파다	graben	파십시오.	파세요.	파시오.	파./파라./파게.
묻다	begraben	묻으십시오.	묻으세요.	묻으시오.	묻어./묻어라./묻게.
하다[3]	tun, machen	하십시오.	하세요.	하시오.	해./해라./하게.
엎드리다	sich nieder-werfen	엎드리십시오.	엎드리세요.	엎드리시오.	엎드려./엎드려라./엎드리게.
세우다	aufstellen	세우십시오.	세우세요.	세우시오.	세워./세워라./세우게
방문하다[3]	besuchen	방문하십시오.	방문하세요.	방문하시오.	방문해./방문해라./방문하게.
질문하다[3]	fragen	질문하십시오.	질문하세요.	질문하시오.	질문해./질문해라./질문하게.
보여 주다[4]	zeigen	보여 주십시오.	보여 주세요.	보여 주시오.	보여 줘./보여 주어(줘)라./보여주게.
읽어 주다[4]	jemandem vorlesen	읽어 주십시오.	읽어 주세요.	읽어 주시오.	읽어 줘./읽어 주어(줘)라./읽어 주게.

[1] 거라-불규칙동사(Unregelmäßiges Verb)

[2] 너라-불규칙동사

[3] 여-불규칙동사(해 ← 하여)

[4] Ein Hilfsverb von “주다”, was “dienen” bedeutet, folgt dem Hauptverb von “보이다(gesehen werden)” und “읽다(lesen)”.

* Hilfsverb und unregelmäßiges Verb : Abschnitt 16

[5] “~게.” ist eine freundliche und förmliche Wortendung für das imperative Niederausdruck, das von Alt gegenüber Jung verwendet wird.

- 여기 앉으십시오.
  Setzen Sie sich hierhin, Sir!
- 여권을 보여 주세요.
  Zeigen Sie mir den Reisepaß!
- 이리 와.
  Komm her!
- 저리 가.
  Geh weg!
- 잠깐만 기다리세요.
  Warten Sie einen Moment!
- 시원한 물 한 잔 주세요.
  Geben Sie mir ein Glas kaltes Wasser!
- 신사 숙녀 여러분, 모두 일어서 주십시오.
  Bitte, Damen und Herren. Stehen Sie auf, alle!
- 땅을 깊게 파라.
  Grabe tief in den Boden!
- 소파에 앉으십시오.
  Bitte, setzen Sie sich auf das Sofa, Sir!
- 매일 성경을 읽어라.
  Lies jeden Tag die Bibel!
- 박 군, 이 일은 자네가 하게.
  Park, du machst diesen Job, bitte!

4 "Lass uns"-Satz(청유문)

Der "Lass uns"-Satz wird verwendet, damit die Person, die spricht, die Person, die hört, auffordert, etwas zusammen zu tun. Die Hauptmodifikationen der Wortendung des Verbs in "Lass uns"-Satz sind "~(으)십시다.", "~(으)시지요.", "~ㅂ시다.", "~(아)요./~(어)요." und "~자.". "~(으)시지요." und "~(아)요./~(어)요." sind umgangssprachlich und haben die gleiche Form wie Imperativ. "우리(wir)", "함께(zusammen)" oder 같이(zusammen)" kann im Satz verwendet werden, um die Überzeugung im "Lass uns"-Satz hervorzuheben.

Beispiel(Infinitiv)	반말	존댓말		
	~자.	umgangs-sprachlich ~아요/어요.	schriftsprachlich ~ㅂ시다.	hochhöflich ~(으)십시다./ ~(으)시지요.
타다 (aufsteigen)	타자.	타요.	탑시다.	타십시다./ 타시지요.
가다 (gehen)	가자.	가요.	갑시다.	가십시다./ 가시지요.
걷다 (zu Fuß gehen)	걷자.	걸어요.	걸읍시다.	걸으십시다./ 걸으시지요.
일어나다 (aufstehen)	일어나자.	일어나요.	일어납시다.	일어나십시다./ 일어나시지요.
먹다 (essen)	먹자.	먹어요.	먹읍시다.	드십시다./ 드시지요.
달리다 (laufen)	달리자.	달려요.	달립시다.	달리십시다./ 달리시지요.
버리다 (wegwerfen)	버리자.	버려요.	버립시다.	버리십시다./ 버리시지요.
산책하다 (spazierengehen)	산책하자.	산책해요.	산책합시다.	산책하십시다./ 산책하시지요.
웃다 (lachen)	웃자.	웃어요.	웃읍시다.	웃으십시다./ 웃으시지요.
결혼하다 (heiraten)	결혼하자.	결혼해요.	결혼합시다.	결혼하십시다./ 결혼하시지요.

- 우리 결혼하자.
  Lass uns heiraten!
- 점심으로 삼계탕을 먹읍시다.
  Lassen Sie uns Samgyetang zum Mittagessen essen, Sir!
- 오후에 우리 산책하시지요.
  Machen wir am Nachmittag einen Spaziergang, Sir!
- 그만 자고 일어나자.
  Hören wir Schlafen auf, und aufstehen!
- 헌옷을 버립시다.
  Lassen Sie uns die alten Kleider wegwerfen, Sir!
- 저기까지 같이 달리자.
  Lass uns zusammen bis darüber rennen!
- 함께 크게 웃어요.
  Lassen Sie uns zusammen laut lachen!
- 우리 손잡고 걷자.
  Gehen wir Hand in Hand!
- 함께 택시를 타요.
  Fahren wir zusammen mit dem Taxi, Hr. ~!

5 Ausrufesatz(감탄문)

Der Ausrufesatz enthält das emotionale oder körperliche Gefühl. Die Hauptmodifikationen der Wortendung des deklinierbaren Wortes für den Ausruf als Prädikat sind "~(는)군요!", "~네요!", "~(는)구나!", "~(는)군!", "~네!" und "~아라/~어라!". Um das Gefühl im Ausrufesatz hervorzuheben, werden die folgenden Adverbien verwendet; "아주(ganz)", "무척(übermäßig)", "매우(sehr)", "정말(wirklich)", "진짜(wirklich)", "굉장히(ausgezeichnet)", "대단히(extrem)", "너무(übermäßig)", "참(wirklich)" usw. Es ist jedoch nicht notwendig, immer das Ausrufezeichen(!) am Ende des Ausrufesatz zu setzen, wenn das Gefühl nicht so stark ist.

(1) Beispielwortendungen für Ausrufesatz

Infinitive des 용언	반말				존댓말	
	~(는)구나!	~(는)군!	~네!	~아라/어라!	~(는)군요!	~네요!
아름답다 (schön)	아름답구나!	아름답군!	아름답네!	아름다워라!	아름답군요!	아름답네요!
예쁘다 (hübsch)	예쁘구나!	예쁘군!	예쁘네!	예뻐라!	예쁘군요!	예쁘네요!
맛있다 (lecker)	맛있구나!	맛있군!	맛있네!	맛있어라!	맛있군요!	맛있네요!
어렵다 (schwer)	어렵구나!	어렵군!	어렵네!	어려워라!	어렵군요!	어렵네요!
날다 (fliegen)	나는구나!	나는군!	나네!	→	나는군요!	나네요!
변하다(sich verändern)	변하는구나!	변하는군!	변하네!	→	변하는군요!	변하네요!
고생하다(sich bemühen)	고생하는 구나!	고생하는군!	고생하네!	→	고생하는 군요!	고생하네요!

☞ Am Verb ist es nicht anwendbar.

- 아이고, 어려워라!
  Au, wie schwer!

• 그 문제는 너무 어렵네요.
Jene Frage ist zu schwierig, Hr. ~.

• 이 빵은 정말 맛있군요!
Dieses Brot ist wirklich lecker, Fr. ~!

• 정말 맛있는 빵이군요!
Was für ein köstliches Brot, Fr. ~!

• 한국말을 진짜 잘하시네요!
Sie sprechen wirklich fließend auf Koreanisch!

• 네 딸은 무척 예쁘구나!
Deine Tochter ist so hübsch!

• 사업 때문에 무척 고생하시는군요.
Sie haben große Schwierigkeit im Geschäft.

• 저 새는 아주 높이 나는구나.
Jener Vogel fliegt sehr hoch.

• 저 사람은 마음이 너무 쉽게 변하는군.
Die Meinung jenes Mannes ändert sich zu leicht.

• 영수는 피아노를 매우 잘 치는구나.
Yeongsu spielt sehr gut Klavier.

(2) Ausrufesatz mit dem Prädikat des Aussagesatzes

Der Aussagesatz kann als Ausrufesatz verwendet werden, indem das Ausrufungswort am Kopf des Satzes zusammen und ein exklamatorisches Adverb im Satz, das oben aufgeführt wird, hinzugefügt werden.

• 와, 이 사과 정말 크다!
Hui, dieser Apfel ist wirklich groß!

• 우와, 영숙이는 노래를 참 잘한다!
Erstaunt! Yeongsuk singt wirklich gut!

• 어머, 정말 큰 일이예요!
O mein Gott! Es ist wirklich ein großes Ereignis, Fr. ~!

ABSCHNITT 10

Negative Satz

| 부정문 |

1 Negativ prädikative PP(부정 서술격조사)

(1) Die prädikative PP für ein unflektierbares Wort ist "~(이)다.", das positiv ist, und "~이/~가 아니다.", das negativ ist. Diese prädikativen PP sind wichtige Elemente für die Formel 1 und 2 des Satzes.

(2) Beispielsätze(예문)

- 이것은 집이다. → 이것은 집이 아니다.
  Dies ist ein Haus. → Dies ist kein Haus.
- 저것은 소나무다. → 저것은 소나무가 아니다.
  Das ist eine Kiefer. → Das ist keine Kiefer.
  * Wenn die letzte Silbe des unflektierbaren Wortes keinen Schlusskonsonant hat, sind die prädikativen PP für den Niederausdruck "~다." und "~가 아니다.", aber wenn es Schlusskonsonant hat, sind die prädikativen PP "~이다." und "~이 아니다.".
- 아저씨, 저는 영호예요. → 아저씨, 저는 영호가 아니에요.
  Ich bin Yeongho, Onkel. → Ich bin nicht Yeongho, Onkel.
  * Wenn die letzte Silbe des unflektierbaren Wort kein Schlusskonsonant hat, sind die prädikativen PP "~예요." und "~가 아니에요." für den umgangssprachlichen Höflichkeitsausdruck, aber wenn es Schlusskonsonant hat, sind die prädikativen PP "~이에요." und "~이 아니에요.".
- 그 학생은 영철이 아닙니까?
  Ist jener Student nicht Yeongcheol, Herr?
- 예, 그는 영철이 아닙니다.
  Nein, Herr. Er ist nicht Yeongcheol.
- 아닙니다. 그는 영철입니다.
  Doch, Herr. Er ist Yeongcheol.
  * Wenn einverstanden mit der negativen Frage, soll die Antwort "Nein(응./예.)" sein, und wenn nicht einverstanden mit der negativen Frage, soll die Antwort "Doch(아니./아니에요./아닙니다.)" sein.
- 그 학생은 박 영만이에요. → 그 학생은 박 영만이 아니에요.
  Jener Student ist Yeongman Park, Fr. ~.
  → Jener Student ist nicht Yeongman Park, Fr. ~.

• 저 사람이 도둑이야?

Ist Jene die Person, die ein Dieb ist?

• 응, 저 사람이 도둑이야.

Ja. Jene ist die Person, die ein Dieb ist.

• 아니, 도둑이 아니야.

Nein, kein Dieb.

• 이것은 의자야?

Ist dies ein Stuhl?

• 응, 그것은 의자야.

Ja, das ist ein Stuhl.

• 아니, 그것은 의자가 아니야.

Nein, das ist kein Stuhl.

* "~야." und "~야?", die die Modifikationen der Wortendung des Niederworts für die prädikativen PP[~(이)다, ~이/~가 아니다] sind, werden im Frage- und Aussagesatz verwendet, um die Meinung der Person, die spricht, zu betonen.

• 저것은 책상입니까?

Ist das ein Schreibtisch, Sir?

• 아닙니다. 저것은 책상이 아닙니다.

Nein, Sir. Das ist kein Schreibtisch.

• 예, 저것은 책상입니다.

Jawohl. Das ist ein Schreibtisch.

• 저분은 시장님이시다. → 저분은 시장님이 아니시다.

Jene Person ist der Bürgermeister.

→ Jene Person ist nicht der Bürgermeister.

* "~이시다." und "~이 아니시다." sind die Höflichkeitswörter aus "~이다." und "~이 아니다."

• 저분은 시장님이 아니야?

Ist diese Person nicht der Bürgermeister?

• 응, 그는 시장님이 아니야.

Nein, er ist nicht der Bürgermeister.

• 아니, 그는 시장님이야.

Doch, er ist der Bürgermeister.

• 이분은 저희 회사 사장님이십니다. → 이분은 저희 회사 사장님이 아니십니다.
Diese Person ist der Präsident unserer Firma, Sir.
→ Diese Person ist nicht der Präsident unserer Firma, Sir.

2 Negatives Prädikat des deklinierbaren Wortes in Aussage- und Fragesatz

Im vorherigen Teil haben wir die negativ prädikative PP gelernt. Hier lernen wir die deklarativischen und fragenden Prädikate des deklinierbaren Wortes(Verb, Adjektiv), die negativ sind.

(1) 안-Negativer Satz(안-부정문)

안-부정문 gliedert sich in "Kurzer 안-부정문" und "Langer 안-부정문", die die gleiche Bedeutung haben.

① Beispielsätze mit Verb

• 나는 학교에 간다.
Ich gehe zur Schule.

• 나는 학교에 안 간다.(Kurzer 안-부정문)

• 나는 학교에 가지 않는다.(Langer 안-부정문)
Ich gehe nicht zur Schule.

* Der Infinitiv von "않는다." ist "아니하다" und die Abkürzung ist "않다", das ein Hilfswort für Verb oder Adjektiv ist, und das wie folgt geändert wird
- 현재시제: "않아."/"않아?", "않아요."/"않아요?", "않습니다."/"않습니까?", "않으십니다."/"않으십니까?"
- 과거시제: "않았어."/"않았어?", "않았어요."/"않았어요?", "않았습니다."/않았습니까?", 않으셨어요."/"않으셨어요?", "않으셨습니다."/"않으셨습니까?"

• 너는 학교에 안 가?
Gehst du nicht zur Schule?

• 응, 안 가.
Nein, ich gehe nicht.

- 아니, 가.
  Doch, ich gehe.
- 할머니, 저는 학교에 안 가요./저는 학교에 가지 않아요.
  Ich gehe nicht zur Schule, Oma.
- 나는 학교에 안 갈 것이다./나는 학교에 가지 않을 것이다.
  I werde nicht zur Schule gehen.

Üben Sie mit den Folgenden wie oben selbst.

- 안 가./가지 않아. → 안 가?/가지 않아?
- 안 갑니다./가지 않습니다. → 안 갑니까?/가지 않습니까?
- 안 갔다./가지 않았다.
- 안 갔습니다./가지 않았습니다. → 안 갔습니까?/가지 않았습니까?
- 안 갔어요./가지 않았어요. → 안 갔어요?/가지 않았어요?
- 안 갈 것입니다./가지 않을 것입니다. → 안 갈 것입니까?/가지 않을 것입니까?
- 안 갈 거예요./가지 않을 거예요. → 안 갈 거예요?/가지 않을 거예요?

"Einige 용언 können den kurzen 안-부정문 nicht verwenden, wie z.B. "하다"-Verb(Beispiel: 공부하다/lernen, 일하다/arbeiten) und einige Adjektive(Beispiel: 아름답다/schön).

- 안 공부한다.(X) → 공부하지 않는다.(O)
- 안 일했어요.(X) → 일하지 않았어요.(O)
- 안 아름다워요.(X) → 아름답지 않아요.(O)

② Beispielsätze mit Adjektiv

- 오늘은 덥다./더워.
  Es ist heiß heute.

• 오늘은 안 덥다./더워.

오늘은 덥지 않다./않아.
Es ist nicht heiß heute.

• 오늘은 안 더워요./오늘은 덥지 않아요.
Es ist nicht heiß heute, Oma.

• 어제는 안 더웠다./어제는 덥지 않았다.
Es war gestern nicht heiß.

• 내일은 안 더울 것이다./내일은 덥지 않을 것이다.
Morgen wird es nicht heiß sein.

Üben Sie mit den Folgenden wie oben selbst.

• 안 더워./덥지 않아. → 안 더워?/덥지 않아?

• 안 덥습니다./덥지 않습니다. → 안 더웠습니까?/덥지 않았습니까?

• 안 더웠습니다./덥지 않았습니다. → 안 더웠습니까?/덥지 않았습니까?

• 안 더웠어요./덥지 않았어요. → 안 더웠어요?/덥지 않았어요?

• 안 더울 것입니다./덥지 않을 것입니다.

• 안 더울 거예요./덥지 않을 거예요. → 안 더울 거예요?/덥지 않을 거예요?

(2) 못-부정문

Der 못-부정문 wird in kurzen 못-부정문 und langen 못-부정문, die die gleiche Bedeutung haben, geteilt. Der 못-부정문 wird verwendet, um die Unfähigkeit anzuzeigen, etwas zu tun, daher wird er nicht für Adjektive verwendet.

• 나는 학교에 못 간다.(Kurzer 못-부정문)

나는 학교에 가지 못한다.(Langer 못-부정문)
Ich kann nicht zur Schule gehen.

• 저는 학교에 못 갑니다./저는 학교에 가지 못합니다.
Ich kann nicht zur Schule gehen, Sir.

Üben Sie die Folgenden selbst.

- 못 가./가지 못해. → 못 가?/가지 못해?
- 못 가요./가지 못해요. → 못 가요?/가지 못해요?
- 못 갔다./가지 못했다. → 못 갔어?/가지 못했어?
- 못 갔습니다./가지 못했습니다. → 못 갔습니까./가지 못했습니까?
- 못 갔어요./가지 못했어요. → 못 갔어요?/가지 못했어요?
- 못 갈 것입니다./가지 못할 것입니다.
  → 못 갈 것입니까?/가지 못할 것입니까?
- 못 갈 거예요./가지 못할 거예요. → 못 갈 거예요?/가지 못할 거예요?

Der kurze 못-부정문 kann auch nicht mit 하다-Verb(z.B.: 노래하다/singen, 사용하다/verwenden) verwendet werden.

- 못 노래합니다.(X) → 노래하지 못합니다.(O)
- 못 사용해요.(X) → 사용하지 못해요.(O)

3 Negativer Imperativsatz(부정명령문) und negativer "Lass uns"-Satz(부정청유문)

In 평서문 und 의문문 werden "안"/"못"-Deklinierbares Wort(용언) oder "(용언)~지 않다./~지 못하다." für 부정문 verwendet. Aber Imperativ-und "Lass uns"-Satz verwenden "(용언)~지 말다.", um die Negation zu enthalten. "말다", das "nicht tun" bedeutet, ist ein Hilfsverb(보조동사 Abschnitt 16) für das vorhergehende Verb, das die Wortendung von "~지" hat.

(1) Modifikationen von "말다"

		부정명령문	부정청유문
반말		마. 마라./말아라./말게. * Sanfter als "마".	말자.
존댓말	1	마세요./말아요(Sanfter als "마세요.").	말아요.
	2	마시오.	맙시다.
	3	마십시오.	마십시다.

* [1] umgangssprachlich [2] schriftsprachlich [3] hochhöflich

(2) Beisvielsätze

① Negativer Imperativsatz

- 수영장에 들어가지 마라.
  Geh nicht in den Pool!
- 여기서 담배를 피우지 마세요./마시오(Strenger als "마세요.").
  Rauchen Sie hier nicht!
- 사무실에서 술을 마시지 마십시오.
  Trinken Sie im Büro keinen Alkohol, Herren!
- 밖으로 나가지 마.
  Geh nicht raus!
- 눈물을 흘리지 말아요.
  Vergießen Sie keine Tränen!
- 날(←나를) 잊지 말아라.
  Vergiss mich nicht!

“Zur Benachrichtigung wird “~금지(Kein/Verboten)” verwendet.

- 수영금지: Schwimmen verboten!
- 흡연금지: Rauchen verboten!
- 통행금지: Durchgang verboten!
- 외출금지: Kein Hinaus!
- 소변금지: Kein Urinieren!
- 취사금지: Kein Kochen!
- 쓰레기 무단 투기금지: Kein Abfall ohne Erlaubnis entsorgen!

② Negativer “Lass uns”-Satz

- 서로 속이지 맙시다.
  Lassen Sie uns nicht gegenseitig täuschen!
- 우리 싸우지 말자.
  Lass uns nicht kämpfen!
- 언쟁하지 마십시다.
  Lassen Sie uns nicht streiten, Herren!
- 잠을 자지 말자.
  Lass uns nicht schlafen!
- 우리 이제부터 헤어지지 말아요.
  Lassen Sie uns, von jetzt an, nicht trennen!

* Wenn “우리” vor dem “Lass uns”-Satz verwendet wird, betont es die Kameradschaft.

ABSCHNITT 11

Numerale

| 수사 |

1 Grundzahl und Ordnungszahl(기수와 서수)

Deutsch(기수/서수)	Koreanisch(기수/서수)	Chinesische Herkunft(기수/서수)
0	영	영
1/erst	하나/첫째(첫 번째)	일/제 일
2/zweit	둘/둘째(두 번째)	이/제 이
3/dritt	셋/셋째(세 번째)	삼/제 삼
4/viert	넷/넷째(네 번째)	사/제 사
5/fünft	다섯/다섯째(~ 번째)	오/제 오
6/sechst	여섯/여섯째(~ 번째)	육/제 육
7/siebt	일곱/일곱째(~ 번째)	칠/제 칠
8/acht	여덟/여덟째(~ 번째)	팔/제 팔
9/neunt	아홉/아홉째(~ 번째)	구/제 구
10/zehnt	열/열째(열 번째)	십/제 십
11/11t	열하나/열한째(~ 번째)	십일/제 십일
12/12t	열둘/열두째(~ 번째)	십이/제 십이
13/13t	열셋/열셋째(열세 번째)	십삼/제 십삼
20/20st	스물/스무째(~ 번째)	이십/제 이십
30/30st	서른/서른 번째	삼십/제 삼십
40/40st	마흔/마흔 번째	사십/제 사십
50/50st	쉰/쉰 번째	오십/제 오십
60/60st	예순/예순 번째	육십/제 육십
70/70st	일흔/일흔 번째	칠십/제 칠십
80/80st	여든/여든 번째	팔십/제 팔십
90/90st	아흔/아흔 번째	구십/제 구십
100/100st	백/백 번째	백/제 백
111	백열하나/백열한 번째	백십일/제 백십일
1,000	천/천 번째	천
10,000	만/만 번째	만
100,000	십만/십만 번째	십만
1,000,000	백만/백만 번째	백만
10,000,000	천만/천만 번째	천만
100,000,000	일억/일억 번째	일억
1,000,000,000	십억/십억 번째	십억

2 Verwendung der Zahlen

(1) Zeichen arithmetischer Berechnungen

+	더하기	-	빼기
x	곱하기	÷	나누기

- 칠 더하기 십일은 십팔입니다./십팔이에요./십팔이다./십팔이야. → 7 + 11 = 18
- 십이 빼기 칠은 오입니다./오예요./오다./오야. → 12 - 7 = 5

* Das Numerale(수사) ist eine der 9 Wortarten als unflektierbares Wort im Koreanischen.

* "~입니다.", "~이에요./~예요.", "~(이)다". und "~(이)야." sind die Modifikationen der prädikativen PP, basierend auf dem Grad der Höflichkeit.

* Wenn es notwendig ist, höflich zu sein, wird "~입니다."(Schriftsprachlich) oder "~이에요./~예요."(umgangssprachlich) verwendet.

* Wenn es nicht notwendig ist, respektvoll zu sein, wird "~(이)다."(Schriftsprachlich) oder "~(이)야."(umgangssprachlich) verwendet.

* "~(이)야." drückt Betonung oder festes Vertrauen aus.

- 사 곱하기 삼은 십이예요. → 4 x 3 = 12
- 십 나누기 오는 이다. → 10 ÷ 5 = 2

(2) Bruchzahl lesen

- Bruchzahl: 분수
- Nenner: 분모
- Zähler: 분자

- $\frac{1}{2}$: 이분의 일, 반
- $\frac{1}{3}$: 삼분의 일
- $\frac{2}{3}$: 삼분의 이
- $\frac{1}{7}$: 칠분의 일
- $\frac{5}{7}$: 칠분의 오
- $\frac{1}{10}$: 십분의 일
- $\frac{4}{10}$: 십분의 사
- $\frac{9}{10}$: 십분의 구
- $1\frac{1}{2}$: 일과 이분의 일
- $2\frac{3}{4}$: 이와 사분의 삼
- $4\frac{3}{8}$: 사와 팔분의 삼
- $6\frac{7}{8}$: 육과 팔분의 칠

(3) Dezimalbruch lesen

- Dezimalbruch: 소수
- Dezimalpunkt: 소수점
- 0.5: 영 점 오
- 8.25: 팔 점 이오
- 12.71: 십이 점 칠일
- 102.34: 백이 점 삼사

(4) Jahr lesen

- B.C. Jahr 235: 기원전 이백삼십오 년
- A.D. Jahr 537: 서기 오백삼십칠 년
- Jahr 1987: 천구백팔십칠 년
- Jahr 2019: 이천십구 년

(5) Lange Zahl lesen

- 1,000,000,000: 십억
- 10,000,000,000: 백억
- 100,000,000,000: 천억
- 1,000,000,000,000: 일조
- 2,197,365: 이백십구만 칠천삼백육십오
- 3,457,865,354: 삼십사억 오천칠백팔십육만 오천삼백오십사
- 987,654,321,000: 구천팔백칠십육억 오천사백삼십이만 천
- 1,123,456,789,200: 일조 천이백삼십사억 오천육백칠십팔만 구천이백

* Es wird je vier Ziffern(oooo조oooo억oooo만oooo) getrennt als eine Gruppe.
* Die Grundzahl und Ordnungszahl 백, 천, 만, 억... verwenden die chinesische Herkunft.

3 Einheiten(단위) zum Zählen

단위	Anwendung	Beispiel der Verwendung
채	Haus	집 세 채(3 Häuser)
대	Transportmittel, Maschine, usw.	트럭 세 대(3 Lastwagen) 자전거 두 대(2 Fahrräder) 비행기 다섯 대(5 Flugzeuge) 피아노 한 대(ein Klavier), 세탁기 두 대(2 Waschmaschinen)
칸	Zimmer, Büro	방 네 칸(4 Zimmer) 사무실 두 칸(2 Büros)
권	Buch	책 세 권(3 books) 잡지 여섯 권(6 magazines)
장	Papier, Glas, usw	종이 일곱 장(7 Blatt Papier) 창문 유리 여덟 장(8 Fensterscheiben)
척	Schiff[1]	군함 아홉/구 척(9 Kriegsschiffe) 화물선 열/십 척(10 Frachtschiffe) 어선 열한/십일 척(11 Fischerboote)
켤레	Schuhe, Socken, Handschuhe	운동화 열두 켤레(12 Paar Sportschuhe) 양말 열세 켤레(13 Paar Socken) 장갑 열네 켤레(14 Paar Handschuhe)
평	Größe des Hauses oder Grundstücks[1] (1평=3.3 m^2)	서른두/삼십이 평 아파트(32 Pyung Apartment) 논 이백 평(200 Pyung Reisfeld) 산 오천 평(5000 Pyung Berg)
명	Person[1]	학생 열일곱/십칠 명(17 Studenten) 어린이 쉰/오십 명(50 Kinder) 예순한/육십일 명(61 Soldaten)
분	Person *Ehrenwort von “명”	국회의원 열 분(10 Mitglieder der Nationalversammlung) 선생님 다섯 분 (10 Lehrer)
마리	Tier, Vogel, Fisch	말 열 마리(10 Pferde) 닭 두 마리(2 Hühner) 잉어 세 마리(3 Karpfen) 고래 네 마리(4 Wale)
살	Alter	열일곱 살 소녀(17 Jahre altes Mädchen) 이른 살 할아버지(70 Jahre alter Opa)

세	Alter[2] *Ehrenwort von "살"	백 세 노인(100 Jahre alte Person)
근	Gewicht *1근=600g	생강 두 근(2 Geun Ingwer) 쇠고기 열 근 (10 Geun Rindfleisch)
병	Flasche	맥주 세 병(3 Flaschen Bier)
잔	Tasse, Glas	커피 한 잔(eine Tasse Kaffee) 물 한 잔(ein Glas Wasser)
공기	Schale	밥 두 공기(2 Schale Reis)
포기	Pflanze, Keimling, Kohlkopf	풀 한 포기(eine einzelne Pflanze) 오이모종 두 포기(2 Gurkenkeimlinge) 배추 세 포기(3 Kohlköpfe)
자루	Werkzeug mit langem Griff	연필 네 자루(4 Bleistifte) 삽 다섯 자루(5 Schaufeln) 도끼 여섯 자루(6 Achsen) 소총 일곱 자루(7 Gewehre)
	Sack	쌀 여덟 자루(8 Säcke Reis) 감자 아홉 자루(9 Säcke Kartoffel)
그루	Baum	소나무 열 그루(10 Kiefer) 사과나무 스물두 그루(22 Apfelbäume)
송이	Blume	장미 서른한 송이(31 Rosen) 국화 백한 송이(101 Chrysanthemen)
	Traube, Banane, usw.	포도 세 송이(3 Trauben) 바나나 열 송이(10 Bund Banane)
번	Male zählen	턱걸이 열두 번(12 mal Hänge) 여러 번(mehrmals)
	numerische Ordnung[2]	사 번 타자(der 4. Schläger)
회	Male zählen[2]	팔굽혀펴기 십 회(10 mal Liegestütz)
다발	Blume, Heu, usw.	꽃 한 다발(1 Blumenbündel) 건초 두 다발(2 Bündel Heu) 장작 세 다발(3 Bündel Brennholz)
개	Sache in losen Stücken	복숭아 세 개(3 Pfirsiche) 비누 세 개(3 Stück Seife) 캔디 열 개(10 Stück Kandis)
끼	Mahlzeit	식사 한 끼(eine Mahlzeit)
벌	Kleider	옷 두 벌(2 Anzüge) 바지 세 벌(3 Hosen)

도	Temperatur[2]	영상/영하 삼 도(3 Grad über/unter Null)
곡	Lied	노래 두 곡(2 Lieder) 민요 세 곡(3 Volkslieder)
통	Dokument, Brief	편지 한 통(ein Brief) 계약서 두 통(2 Kopien des Vertrages)
곳	Platz	식당 열 곳(10 Restaurants)
뼘	Handspanne	세 뼘(3 Handspannen)
움큼	Handvoll	쌀 다섯 움큼(3 Handvoll Reis)
점	Punkt[2] *in Prüfung	영어 육십 점(60 Punkte in English) 수학 오 점(5 Punkte in Mathematik)
정	Tablette der Medizin[1]	소화제 삼/세 정(3 Tabletten Verdauung) 비타민 오/다섯 정(5 Tabletten Vitamin)
	Einzelwaffen[1]	권총 열/십 정(10 Revolver) 기관총 다섯/오 정(5 Maschinengewehre)
문	Waffe mit Besatzung[1]	박격포 세/삼 문(3 Mörser)
발	Munition[1]	탄약 삼십/서른 발(30 Schüsse Munition)

[1] Die Grundzahl koreanischer oder chinesischer Herkunft kann verwendet werden.

[2] Nur die Grundzahl der chinesischen Herkunft kann verwendet werden.

* Bei Einheiten, die kein Vorzeichen von →1 oder →2 haben, wird die koreanische Grundzahl verwendet. Aber im Falle der größeren Zahl als Zehn kann die Grundzahl der chinesischen Herkunft verwendet werden.
(Beispiele: 트럭 오십이/쉰두/52 대, 사무실 백십육/백열여섯/116 칸, 소나무 이십오/스물다섯/25 그루, 바지 삼십오/서른다섯/35 벌)
* Wenn die koreanische Grundzahl als Prä-nomen(☞Abschnitt 13) zum Zählen verwendet wird, ändern sich die vier Grundzahlen(하나, 둘, 셋, 넷) in “한”, “두”, “세” und “네”.

Notiz

* Einheiten ausländischer Herkunft oder Spezialterminologien verwenden die Grundzahl chinesischer Herkunft. (예 미터/Meter, 파운드/Pfund, 그램/Gramm, 피트/Fuß, 갈론/Gallone, 마일/Mile)
* Bei Währungszählung(예 Won/원, Euro/유로, Dollar/달러 usw.) wird auch die Grundzahl chinesischer Herkunft verwendet.

- 나는 필리핀에 집 두 채를 가지고 있다.
  Ich habe zwei Häuser auf den Philippinen.
- 나는 방학 동안에 책 다섯 권을 읽었다.
  Ich habe in den Ferien fünf Bücher gelesen.
- 그는 어젯밤에 맥주 세 병을 마셨다.
  Ich habe letzte Nacht drei Flaschen Bier getrunken.
- 말 세 마리가 풀밭에서 풀을 뜯고 있었다.
  Drei Pferde waren beim Weiden im Gras.
- 저의 할아버지는 백세까지 사셨습니다.
  Mein Großvater lebte bis zum Alter von 100 Jahren, Sir.
- 우리는 고무장화 네 켤레가 필요하다.
  Wir brauchen vier Paar Gummistiefel.
- 정원에 망고나무 세 그루를 심었습니다.
  Ich habe drei Mangobäume im Garten gepflanzt, Herr.
- 저는 독일 여행을 여러 번 했습니다.
  Ich bin mehrmals nach Deutschland gereist, Madam.
- 어제 쌀 세 포대를 샀습니다.
  Gestern habe ich drei Säcke Reis gekauft, Sir.
- 돼지고기 다섯 근에 얼마예요?
  Wie viel kosten fünf Geun Schweinefleisch, Fr. ~.
- 내일 내가 너한테 식사 한 끼 사겠다.
  Ich werde dir morgen eine Mahlzeit kaufen.
- 나는 어제 편지 두 통을 받았다.
  Ich habe gestern zwei Briefe erhalten.
- 밥 한 공기 더 주세요.
  Bitte, geben Sie mir noch eine Schale Reis.
- 나는 야채밭에 오이모종 열 포기를 심었다.
  Ich habe zehn Gurkenkeimlinge im Gemüsegarten gepflanzt.
- 나는 권총으로 10발을 쏘았다.
  Ich habe 10 Schüsse mit der Pistole abgefeuert.

ABSCHNITT 12

Datum und Zeit

| 날짜와 시간 |

Die Fragen bezüglich der Zeit oder des Datums sind wie folgt.

* Wann? → 언제?
* Wieviel Uhr ist es? → 몇 시야?
* Wie viele Stunden/Minuten/Sekunden? → 몇 시간/분/초 동안?
* Welches Datum?/Wievielter Tag? → 며칠이야?
* Wie viele Tage? → 며칠 동안?
* Welcher Wochentag? → 무슨 요일?
* Welcher Monat? → 몇 월?
* Wie viele Monate? → 몇 달/개월 동안?
* Welche Jahreszeit? → 무슨 계절?
* Welches Jahr? → 몇 년도
* Wie viele Jahre? → 몇 년 동안?
* Wie alt? → 몇 살?
* Wie lange? → 얼마나 오래?

1 Zeitausdrücke in diesem Moment

- Die Fragen über die Zeit in diesem Moment sind wie folgt.

  지금 몇 시야?/지금 몇 시예요?/지금 몇 시입니까?
  Wie spät ist es jetzt?/-, Hr. ~?/-, Sir?

- Die Antworten um 06:00 Uhr sind wie folgt.

  오전 여섯 시야./오전 여섯 시예요./오전 여섯 시입니다.
  Es ist 6 Uhr morgens./-, Fr. ~./-, Sir.

- Die koreanische Grundzahl wird für die Stundeneinheit und die Grundzahl chinesischer Herkunft für die Minuten- und Sekundeneinheit verwendet.
  - 01:00 AM → 오전/밤 한 시
  - 02:10 AM → 오전/밤 두 시 십분
  - 03:30 AM → 오전/밤 세 시 삼십분/세시 반
  - 04:40 AM → 오전/새벽 네 시 사십분
  - 05:50 AM → 오전/새벽 다섯 시 오십분/십 분 전 여섯시
  - 06:00 AM → 오전/아침 여섯 시
  - 07:05 AM → 오전/아침 일곱 시 오 분
  - 08:15 AM → 오전/아침 여덟 시 십오 분
  - 09:25 AM → 오전 아홉 시 이십오 분
  - 10:35 AM → 오전 열 시 삼십오 분
  - 11:45 AM → 오전/낮 열한 시 사십오 분/십오 분 전 열두 시
  - 12:00 AM → 오후/낮 열두 시/정오
  - 12:55 AM → 오후/낮 열두 시 오십오 분/오 분 전 한 시
  - 01:03 PM → 오후/낮 한 시 삼 분
  - 02:13 PM → 오후 두 시 십삼 분
  - 05:23 PM → 오후/저녁 다섯 시 이십삼 분

- 06:33 PM → 오후/저녁 여섯 시 삼십삼 분
- 07:48 PM → 오후/저녁 일곱 시 사십팔 분/십이 분 전 여덟시
- 08:58 PM → 오후/밤 여덟 시 오십팔 분/이 분 전 아홉시
- 11:17 PM → 오후/밤 열한 시 십칠 분
- 12:00 PM → 오전/밤 열두 시/자정
- 12:27 PM → 오전/밤 열두 시 이십칠 분

Wörter für die Tageszeit

밤	Nacht	낮	Tag
오전	Vormittag, Morgen	오후	Nachmittag
아침	Morgen	저녁	Abend
새벽	Morgendämmerung	정오	Mittag
자정	Mitternacht	주간	Tageszeit, Tag
야간	Nachtzeit, Nacht	시간	Uhr, Stunde
분	Minute	초	Sekunde
한나절	einen halben Tag		

- 새벽 네 시에 깨워 주세요.
  Wecken Sie mich bitte um 4 Uhr morgens auf.
- 세 시간 전에 이미 버스는 떠났다.
  Der Bus fuhr bereits vor drei Stunden ab.
- 다섯 시간 후에 만나자.
  Lass uns nach fünf Stunden sehen!
- 조금 전에 기차는 떠났습니다.
  Der Zug fuhr kurz zuvor ab, Sir.
- 엄마, 잠시 후에 선생님이 도착하실 거예요.
  Der Lehrer wird gleich eintreffen, Mama.
- 오후 다섯 시에 우리는 떠난다.
  Wir werden um fünf Uhr nachmittags abreisen.

2 Ausdrücke bezüglich Wochentag

Die Fragen zu einem Wochentag lauten wie folgt.

- 오늘은 무슨 요일이에요? → 오늘은 일요일이에요.
  Welcher Wochentag ist heute, Hr. ~? Heute ist Sonntag, Hr. ~.
- 내일은 무슨 요일이야? → 내일은 수요일이야.
  Welcher Wochentag ist morgen? Morgen ist Mittwoch.
- 어제는 무슨 요일이었습니까? → 어제는 토요일이었습니다.
  Welcher Wochentag war gestern, Sir? Gestern war Samstag, Sir.

Tage für eine Woche

Montag	Dienstag
월요일	화요일
Mittwoch	Donnerstag
수요일	목요일
Freitag	Samstag
금요일	토요일
Sonntag	eine Woche
일요일	일주일
Alltag/Werktag	Feiertag/Ruhetag
평일	휴일

Wörter bezüglich der Woche

금주(이번 주)	diese Woche	내주(다음주)	die nächste Woche
내내주(다다음 주)	die Woche nach der nächsten	전주(지난주)	die letzte Woche
전전주(지지난 주)	die vorletzte Woche	주말	das Wochenende
이번 주말	dieses Wochenende	다음 주말	das nächste Wochenende
지난 주말	das letzte Wochenende		

- 일주일은 칠일입니다.
  Eine Woche hat sieben Tage, Sir.
- 우리 가족은 일요일에 성당에 갑니다.
  Unsere Familie geht am Sonntag in die Kirche, Madam.
- 요번 토요일에 뭐해?
  Was wirst du diesen Samstag machen?
- 지난 일요일에 뭐했어요?
  Was haben Sie letzten Sonntag gemacht?
- 다음 수요일에 뭐할 거예요?
  Was werden Sie nächsten Mittwoch tun?

3 Ausdrücke bezüglich des Datums (날짜)

Die Frage nach dem heutigen Datum lautet “오늘은 며칠이에요?”(Welches Datum ist heute, Hr. ~?). Die Reihenfolge des Datums auf Koreanisch ist Jahr(년)-Monat(월)-Tag(일). Alle Ziffern des Datums werden als Grundzahl chinesischer Herkunft gelesen.

Wörter bezüglich des Jahres

연초	Anfang des Jahres
연말	Jahresende
연말연시	Jahresende und Jahresanfang
작년	das letzte Jahr
재작년	das vorletzte Jahr
내년	das nächste Jahr
내후년	das übernächste Jahr

Monate eines Jahres

Januar	Februar	März
1월	2월	3월
April	Mai	Juni
4월	5월	6월
Juli	August	September
7월	8월	9월
Oktober	November	Dezember
10월	11월	12월

Wörter bezüglich des Monats

이 달/이번 달/요번 달	dieser Monat
지난달	der letzte Monat
다음달	der nächste Monat
세달 후	in drei Monaten
월초	Anfang des Monats
월말	Monatsende
초순	erste 10 Tage des Monats
중순	mittlere 10 Tage des Monats
하순	letzte 10 Tage des Monats

Wörter bezüglich des Datums

오늘	heute
내일	morgen
모레	übermorgen
글피	überübermorgen
그글피	am Tag nach überübermorgen
어제	gestern
그저께	vorgestern
그끄저께	vor vorgestern

• 오늘은 5월 1일이다.
Heute ist der 1. Mai.

• 오늘은 무슨 날입니까?
Was für ein Tag ist heute, Frau?

• 오늘은 남편의 생일입니다.
Heute hat mein Mann Geburtstag, Herr.

• 당신 생일은 언제입니까?
Wann haben Sie Geburtstag?

• 오늘은 1981년 3월 3일입니다.
Heute ist der 3. März 1981, Sir.

• 저는 2002년 11월 27일에 태어났습니다.
Ich wurde am 27. November 2002 geboren, Sir.

• 저는 다음 달에 한국으로 여행가요.
Ich werde nächsten Monat nach Korea reisen, Hr. ~.

• 한 달은 30일 또는 31일입니다.
Ein Monat hat dreißig oder einunddreißig Tage, Sir.

"Beim Zählen der Tage wie ein Tag, zwei Tage, drei Tage usw. wird die Grundzahl chinesischer Herkunft oder rein koreanische Zählwörter für Tage zusammen verwendet.

• Grundzahl chinesischer Herkunft
1(일)일, 2(이)일, 3(삼)일...

• Koreanische Zählwörter für Tage
하루(1) , 이틀(2) 사흘(3) , 나흘(4) , 닷새(5) 엿새(6) , 이레(7), 여드레(8), 아흐레(9), 열흘(10), 열하루(11), 열이틀(12), 열사흘(13), 열나흘(14), 열닷새(15)...

* Das Zählen mit der Grundzahl chinesischer Herkunft wird häufiger verwendet.
* Heutzutage werden rein koreanische Zählwörter für Tage normalerweise bei weniger als "이레(7 Tage)" verwendet.

4 Vier Jahreszeiten(사계절)

봄	여름	가을	겨울
Früling(3월~5월)	Sommer(6월~8월)	Herbst(9월~11월)	Winter(12월~2월)

- 봄은 꽃이 피는 계절입니다.
  Der Frühling ist Blütezeit, Sir.
- 한국의 사 계절은 독일처럼 완전히 다르다.
  Die vier Jahreszeiten in Korea sind so unterschiedlich wie in Deutschland.
- 한국의 여름은 필리핀처럼 덥습니다.
  Der Sommer in Korea ist so heiß wie auf den Philippinen, Sir.
- 가을은 독서의 계절이다.
  Der Herbst ist eine Zeit zum Lesen.
- 겨울은 눈이 오는 계절입니다.
  Der Winter ist die Schneesaison, Herr.
- 눈이 오는 자연의 경치는 정말 아름다워요.
  Die natürliche Schneelandschaft ist wirklich schön, Fr. ~.

"~ 전에(vor, bevor)" und "~ 후에(nach, nachdem, später)"

(1) Substantiv/Gerundium(~기 ☞Abschnitt 14)/Gerundium der prädikativen PP(~기) + "~ 전에"

- 식사하기(← 식사하다) 전에 손을 씻어라./식사 전에 손을 씻어라.
  Wasche deine Hände bevor du isst.
- 한 시간 전에 이미 기차는 떠났다.
  Vor einer Stunde fuhr der Zug bereits ab.
- 삼 년 전에 할아버지는 세상을 떠나셨다.
  Vor drei Jahren starb Großvater.
- 그 사람도 선생이기(← 선생이다) 전에 인간이다.
  Der Mann ist auch ein Mensch, bevor er Lehrer ist.

* "~도" von "사람도" ist eine Hilfs-PP, die "auch, ebenso" bedeutet.

• 잠자기(← 잠자다) 전에 항상 양치질을 합니다.
Ich putze immer meine Zähne, bevor ich ins Bett gehe, Herr.

• 죽기(← 죽다) 전에 유언장을 써서 변호사에게 맡기겠다.
Ich werde ein Testament schreiben und es einem Anwalt überlassen, bevor ich sterbe.

(2) **"(Substantiv)~ 후에"/"(Vervales Prä-Nomen** ☞Abschnitt 13**)~ 후에" /"(Vervales Prä-Nomen)~ 다음에"**

• 나는 식사 후에 티브이를 본다.
나는 식사한(← 식사하다) 후에 티브이를 본다.
나는 식사한 다음에 티브이를 본다.
Ich sehe nach dem Essen fern.

• 한 시간 후에 기차는 출발할 것이다.
In einer Stunde fährt der Zug ab.

• 약 오 년 후에 한국은 통일될 것이다.
In ungefähr fünf Jahren wird Korea vereint sein.

• 할아버지가 돌아가신(← 돌아가시다) 후에/다음에 할머니는 매일 우신다(← 울다).
Nach dem Tod des Großvaters weint die Großmutter jeden Tag.

• 내가 질문한(← 질문하다) 후에/다음에 말해라.
Sprich nachdem ich gefragt habe!

• 방과 후에 뭐 해?
Was wirst du nach der Schule tun?

ABSCHNITT 13

Prä-Nomen

| 관형사 |

Als eine Wortart modifiziert das Prä-Nomen das folgende unflektierbare Wort wie das Adjektiv mit Deklination im Deutschen. Die Eigenschaft des Prä-Nomens ist, dass keine Konjugation und keine Postposition(PP) erforderlich sind.

Die Prä-Nomina werden wie folgt klassifiziert.

* Numerisches Prä-Nomen(수관형사)

* Demonstratives Prä-Nomen(지시관형사)

* Genitiv-Prä-Nomen(소유격관형사)

* Angebendes Prä-Nomen(성상관형사)

  - Reines Prä-Nomen(순수관형사)
  - Verbales Prä-Nomen(동사적 관형사)
  - Adjektivisches Prä-Nomen(형용사적 관형사)

1 Numerisches Prä-Nomen(수관형사)

(1) Alle Zahlwörter zum Zählen der Einheiten in Abschnitt 11

- 다섯 시간: fünf Stunden
- 꽃 열 송이: zehn Blumen
- 옥수수 오 키로: fünf Kilo Mais
- 승용차 세 대: drei PKW
- 수박 일곱 통: sieben Wassermelonen

(2) Und so weiter

- 여러 의견: mehrere Meinungen
- 모든 사람들: alle Menschen
- 갖가지 야채: verschiedene Gemüsesorten
- 몇 사람: einige Personen
- 많은 학생들: viele Schüler
- 적은 수입: geringes Einkommen
- 한두(두세, 서너, 너덧, 대여섯, 예닐곱 ...) 개: ein oder zwei (zwei oder drei, drei oder vier, fünf oder sechs, sechs oder sieben ...) Stücke

2 Demonstratives Prä-Nomen(지시관형사)

(1) 이(dies), 그(das), 저(das) and 아무(irgendein): ☞Abschnitt 6

(2) Die Ableitungen von oben

- 이러한/이런 사람: Person wie diese
- 저러한/저런 행동: solches Verhalten
- 그러한/그런 의견: solche Meinung
- 아무런: wirklich kein, ohne irgendein

- 아무런 차이가 없다.
  Es gibt wirklich keinen Unterschied.
- 나는 아무런 계획이 없이 살고 있다.
  Ich lebe ohne irgendeinen Plan.

* "~이" von "계획이" ist die Subjektive PP(주격조사) und "~이" von "없이(← 없다)" ist die Wortendung für ein abgeleitetes Adverb(파생부사 ☞Abschnitt 17). Der obige Satz ist ein Satzgefüge(복문): "나는 살고 있다.(Ich lebe.)" als Hauptsatz, dazu gefügig, "아무런 계획이 없다.(Es gibt keinen Plan,)" als Nebensatz.

• 이것은 아무런 가치가 없다.
Dies ist durch und durch wertlos.

(3) 어느(welche), 무슨/어떤(was, was für), 몇(wie viele): ☞Abschnitt 9

3 Genitiv-Prä-Nomen(소유격관형사): "~의"

• 나의(내) 동생: mein jüngerer Bruder
• 철수의 누나: Cheolsus ältere Schwester
• 영희의 언니: Younghees ältere Schwester
• 너의(네) 형/오빠: dein älterer Bruder
• 아버지의 모자: Vaters Hut
• 학교의 정문: Haupttor der Schule
• 한국의 대통령: Präsident von Korea
• 비행기의 속도: Geschwindigkeit des Flugzeugs

* Anderer Begriff von "의" ist die Possessivpostposition(소유격조사) oder Prä-nominale PP(관형격조사). Meistens in den Fällen, in denen das Substantiv auf das Substantiv folgt, wird im umgangssprachlichen Stil "의" weggelassen, wie "아버지 모자", "학교 정문", "한국 대통령" und "비행기 속도".
* "형" und "형님(Ehrentitel von "형")" bedeuten den älteren Bruder zum jüngeren Bruder, und "오빠" bedeutet den älteren Bruder zur jüngeren Schwester. Beide werden als Vokativ in der Familie verwendet.
* "누나" und "누님(Ehrentitel von "누나")" als Antonyme zu "형" und "형님" bedeuten die ältere Schwester zum jüngeren Bruder, und "언니" als Antonym zu "오빠" bedeutet die ältere Schwester zur jüngeren Schwester.

4 Angebendes Prä-Nomen(성상관형사)

Das angebende Prä-Nomen, das in reines Prä-Nomen(순수관형사) und zwei abgeleitete Prä-Nomina vom deklinierbaren Wort(Verb, Adjektiv) unterteilt wird, definiert die Natur oder den Zustand des Objekts.

(1) Reines Prä-Nomen(순수관형사)

- 새/헌 공책: neues/altes Schreibheft.
- 왼/오른 손: linke/rechte Hand
- 지난/다음 달: letzter/nächster Monat
- 옛 집/친구/추억: altes Haus/alter Freund/alte Erinnerungen
- 이번 달/방학/선거: dieser Monat/dieser Urlaub/diese Wahl
- 외딴 곳/섬/집: abgelegener Ort/einsame Insel/einsam stehendes Haus
- 맨 꼭대기: allerhöchster Ort
- 맨 먼저: zuallererst
- 맨 앞자리/뒷자리: ganz vorderer Sitz/ganz hinterer Sitz
- Und so weiter.

(2) Verbales Prä-Nomen(동사적 관형사)

Beispiele der Verben	미래시제 (~ㄹ/~을)	현재시제 (~는)	과거시제 (~ㄴ/~은)	대과거시제 * (~았던/~었던)
가다/gehen	갈	가는	간	갔던
오다/kommen	올	오는	온	왔던
먹다, 드시다/ essen	먹을, 드실	먹는, 드시는	먹은, 드신	먹었던, 드셨던
쓰다/schreiben, verwenden	쓸	쓰는	쓴	썼던
보다/sehen	볼	보는	본	보았던
삼키다/schlucken	삼킬	삼키는	삼킨	삼켰던

따르다/folgen	따를	따르는	따른	따랐던
말하다/sagen, sprechen	말할	말하는	말한	말했던
포함하다/ einschließen	포함할	포함하는	포함한	포함했던
표현하다/ ausdrücken	표현할	표현하는	표현한	표현했던
싸우다/streiten	싸울	싸우는	싸운	싸웠던
빠지다/fallen	빠질	빠지는	빠진	빠졌던

* Die Vorvergangenheitsform(대과거시제) wird verwendet, um vergangene Ereignisse, Erfahrungen oder Erinnerungen vor langer Zeit auszudrücken.

- 지금은 학교에 갈 시간이다.
  Jetzt ist die Zeit zur Schule zu gehen.
- 어제 온 사람은 나의 친척이에요.
  Die Person, die gestern gekommen ist, ist mein Verwandter, Hr. ~.
- 빵을 드실 분은 지금 말하세요.
  Sagen Sie mir jetzt bitte, ob jemand Brot essen wird.
- 너에게 편지를 쓴 사람은 나다.
  Ich bin die Person, die Ihnen den Brief geschrieben hat.
- 이 영화는 내가 지금까지 보았던 영화 중에 최고로 재미있다.
  Dieser Film ist der interessanteste aller Filme, die ich bisher angesehen habe.
- 나는 동전을 삼켰던 경험이 있다.
  Ich habe die Erfahrung, eine Münze geschluckt zu haben.
- 그는 자기를 잘 따르는 강아지가 있다.
  Er hat ein Hündchen, das ihm gut folgt.
- 그렇게 말한 학생은 영철이에요.
  Yeongcheol ist der Student, der so gesprochen hat, Hr. ~.
- 나는 그를 우리의 모임에 포함할 것이다.
  Ich werde ihn in unsere Versammelung einbeziehen.

• 심장을 의미하는 몸짓은 사랑을 표현하는 방법이다.
Die Geste, die Herz bedeutet, ist eine Art, Liebe auszudrücken.

• 우리는 적과 싸울 준비가 필요하다.
Wir müssen uns darauf vorbereiten, den Feind zu bekämpfen.

• 강에 빠진 사람은 수영을 못하는 아이예요.
Die Person, die im Fluß ertrunken ist, ist ein Kind, das nicht schwimmen kann, Hr. ~.

(3) Adjektivisches Prä-Nomen(형용사적 관형사)

Beispiele der Adjektive	현재시제 (~ㄴ)	과거시제 (~았던/~었던)	대과거시제 (~ㅆ었던)
아름답다/schön	아름다운	아름다웠던	아름다웠었던
예쁘다/hübsch	예쁜	예뻤던	예뻤었던
뚱뚱하다/dick	뚱뚱한	뚱뚱했던	뚱뚱했었던
날씬하다/schlank	날씬한	날씬했던	날씬했었던
크다/groß	큰	컸던	컸었던
작다/klein	작은	작았던	작았었던
둥글다/rund	둥근	둥글었던	둥글었었던
날카롭다/scharf	날카로운	날카로웠던	날카로웠었던
밝다/hell	밝은	밝았던	밝았었던
어둡다/dunkel	어두운	어두웠던	어두웠었던

* Das Futur ist in Form von "(형용사)~ㄹ"(아름다울, 뚱뚱할, 클, 어두울, usw.) möglich, aber wird hauptsächlich für die Modifizierung des unvollständigen Substantiv(것, 수, usw. ☞Abschnitt 14) verwendet. Im Allgemeinen, zusammen mit Adverb, Adverbialwort(AW) oder Prädikat(P), die die Zukunft anzeigen, drückt der Satz das Futur bei der Verwendung des gegenwärtig adjektivischen Prä-Nomens aus.

• 그는 아름다운 아내가 있다.
Er hat eine schöne Frau.

• 초등학생이었을 때, 그녀는 예뻤었던 소녀였다.
Als sie in der Grundschule war, war sie ein hübsches Mädchen gewesen.

* “때”, das ein Substantiv ist, bedeutet “als” im Temporalsatz.

- 뚱뚱한 남자가 빵을 먹고 있었어요.
  Ein dicker Mann war beim Essen des Brots, Fr. ~.

  * “~고 있었다.” ist die vergangene Dauerorm.

- 그 소녀는 처녀가 되면 매우 예쁠 것이다.
  Das Mädchen wird sehr hübsch sein, wenn sie eine junge Frau wird.

- 나는 날씬한 여자가 좋다.
  Ich mag schlanke Mädchen.

- 그는 큰 집에서 삽니다.
  Er lebt in einem großen Haus, Sir.

- 둥글었던 달이 반달이 되었다.
  Der Vollmond wurde Halbmond.

- 어두운 길에서 반짝이는 동전을 주웠다.
  Ich hob eine glänzende Münze von der dunklen Straße auf.

Notiz

Die Ordnung der Prä-Nomina

1) 지시관형사 + 성상관형사
   - 이 새 옷: diese neuen Kleider

2) 지시관형사 + 수관형사
   - 저 네 아들: jene vier Söhne

3) 수관형사 + 성상관형사
   - 두 예쁜 딸: zwei schöne Töchter

4) 지시관형사 + 수관형사 + 성상관형사
   - 그 두 헌 창고: jene zwei alten Lagerhäuser

ABSCHNITT 14

Hauptwort/Substantiv

| 명사 |

Das Substantiv ist in verschiedene Arten unterteilt. In diesem Abschnitt lernen wir zwei komplizierte Arten von 명사, nämlich das unvollständige Substantiv(의존명사) und das abgeleitete Substantiv(파생명사).

1 Unvollständiges Substantiv(의존명사)

의존명사, das im Koreanischen ein einzigartiger Punkt ist, ist das Antonym des unabhängigen Substantivs(자립명사) und kann nicht allein im Satz verwendet werden. Daher wird 의존명사 immer zusammen mit dem Prä-Nomen(관형사) oder dem Substantivtyp als vorausgehendes Wort verwendet.

- Beispiele des unabhängigen Substantivs(자립명사)
  하늘(Himmel), 교회(Kirche), 밖(Außenseite), 지붕(Dach), 공장(Fabrik), 집(Haus), 사진(Foto), 침대(Bett), 공(Ball), 유리창(Fenster), 사람(Mensch), 너(Du), 우리(Wir), 행복(Glücklichkeit), 건강(Gesundheit)...

(1) Alle Einheiten zum Zählen (☞Abschnitt 11) **sind 의존명사, da ein Zahlwort als Prä-Nomen benötigt wird, das ein vorausgehendes Wort ist.**

(2) "씨, 님, 군 und 양" beim Rufen des Namens mit höflicher Förmlichkeit im Vokativ-Kasus(☞Abschnitt 4) **sind 의존명사, da ein Personenname als vorausgehendes Wort benötigt wird.**

(3) Andere unvollständige Substantive

의존명사	Anwendung	예문(Beispielsätze)
곳, 데	Platz, Ort	어느 곳이 좋을까? Welcher Ort ist gut? 앉을 데를/곳을 찾아라. Finde einen Platz zum Sitzen! 내가 잘 곳은/데는 여기다. Hier ist der Ort, an dem ich schlafen werde.
것	Gegenstand, Tatsache, Phänomen, Eigenschaft	작은 것이 필요하다. Kleines Ding wird benötigt. 어느 것이 좋으냐? Welche magst du? 아침 일찍 일어나는 것은 쉽지 않다. Morgens früh aufzustehen ist nicht leicht.

중	im Verlaufe, im Gange	지금 식사하는 중이야. Ich bin jetzt beim Essen. 아버님은 지금 산책 중이십니다. Vater ist jetzt auf dem Spaziergang, Sir. 할아버지는 지금 주무시는 중이다. Opa ist jetzt am Schlafen.
때문	Grund, Ursache, Anlaß	너 때문에 학교에 늦었다. Wegen dir war ich zu spät zur Schule. 바쁘기 때문에 시간이 없어요. Weil ich beschäftigt bin, habe ich keine Zeit. 교통사고 때문에 학교에 지각했다. Aufgrund eines Verkehrsunfalls kam ich zu spät zur Schule. * Das vorangehende Wort soll Substantivtyp sein.
동안	Zwischenzeit, Frist, während	자고 있는 동안(에) 버스는 서울에 도착했다. Der Bus kam während des Schlafs in Seoul an. 걷는 동안(에) 많은 생각을 했습니다. Ich habe viel nachgedacht, während ich spazieren ging, Sir. 지난 여름방학 동안(에) 독일을 여행하였다. Während der letzten Sommerferien bin ich nach Deutschlad gereist. * Das vorangehende Wort ist Substantivtyp oder Prä-Nomen. * Die adverbiale PP(~에) für die Angabe der Frist kann ausgelassen wird.(☞Abschnitt 15)
수	Weg, Methode, Möglichkeit	저는 학교에 갈 수 없어요. Ich kann nicht zur Schule gehen, Hr. ~. 그는 영자 신문을 읽을 수 있습니다. Er kann die englische Zeitung lesen, Sir. 어쩔 수가 없다. Es geht nicht anders.
뿐, 따름	Einzigkeit, nur	나는 그것을 들었을 뿐이다./따름이다. Ich habe nur das gehört. 하나가 있을 따름이다./뿐이다. Es gibt nur eins. * "뿐": ☞보조사, Abschnitt 15

적	vergangene Erfahrung	그가 왔을 적에 난 없었다. Als er mich besuchte, war ich weg. 나는 독일에 간 적이 없다. Ich war noch nie in Deutschland. 나는 이 음식을 한 번 먹은 적이 있다. Ich habe dieses Essen einmal gegessen.
김	Gelegenheit, Chance	생각난 김에 너에게 전화했다. Ich habe dich angerufen, als es mir in den Sinn kam. 나온 김에 쇼핑하자. Lass uns einkaufen gehen, jetzt wo wir die Chance haben rauszukommen.
만큼	so ~ wie, so viel	주는 만큼 받는다. Sie erhalten so viel, wie sie geben. 열심히 일하는 만큼 월급을 많이 받습니다. Sie werden so hoch bezhalt, wie Sie fleißig arbeiten. 이 만큼 주세요. Geben Sie mir so viel. 하늘만큼 땅만큼. So groß wie der Himmel, so groß wie die Erde.
편	etwas mehr, gehören dazu, neigen zu	저는 뚱뚱한 편입니다. Ich bin etwas dicker, Sir. 매운 음식을 잘 먹는 편이다. Ich gehöre dazu, das scharfes Essen gut essen zu können. 그는 나이에 비해 늙은 편이다. Er sieht für sein Alter etwas älter aus. 그는 잔인한 편이다. Er neigt zur Grausamkeit.
지	seit, von da an	도착한 지 세 시간 되었습니다. Es ist drei Stunden her, seit ich angekommen bin, Sir. 이 회사에 입사한 지 십 년 되었다. Es ist zehn Jahre her, seit ich in diese Firma eingetreten bin. 햇빛을 본 지 오래되었다. Es ist lange her, dass ich Sonnenschein gesehen habe.
바람	Folge, Grund, Ursache	서두르는 바람에 열쇠를 잊었다. Weil ich es eilig hatte, habe ich den Schlüssel vergessen. 급히 먹는 바람에 체했다. Wegen des eiligen Essens gab es Verdauungsstörung. 떠드는 바람에 잠이 깼다. Infolge der Verwirrung bin ich aufgewacht.

줄	Methode, Fähigkeit, Kenntnis	영어 할 줄 알아? Kannst du English sprechen? 그는 수영을 할 줄 안다. Er kann schwimmen. 그가 집에 있는 줄 알았다. Ich dachte, er wäre zu Hause.
모양	Aussehen, Symptom	오늘은 비가 올 모양이다. Es sieht heute nach Regen aus. 그는 곧 떠날 모양 이다. Er scheint bald wegzugehen.
통	Ursache, Folge, Lage	전화가 오는 통에 잠 이 깼다. Wegen des Anrufs bin ich aufgewacht. 바람이 부는 통에 모자가 날아갔다. Infolge des Windes flog der Hut weg. 밤새도록 아기가 우는 통에 잠을 못 잤다. Weil das Baby die ganze Nacht geweint hat, konnte ich nicht schlafen. * "통" steht für den negativen Zustand im Allgemeinen.
판	negative Situation	빚 때문에 내 차를 팔아야 할 판이다. Aufgrund der Schulden bin ich in der Situation, mein Auto verkaufen zu müssen. 이렇게 어려운 판에 아내가 임신을 했다. Zu diesem schwierigen Zeitpunkt wurde meine Frau schwanger. 결혼비용 때문에 은행에서 돈을 빌려야 할 판이다. Wegen der Kosten für die Hochzeit bin ich in der Situation, Geld von der Bank leihen zu müssen. 너무 추워서 얼어 죽을 판이다. Weil es so kalt ist, sterbe ich fast in der Kälte.
채	wie es ist, ohne Änderung	나는 불을 켠 채로 잤다. Ich habe geschlafen, ohne das Licht auszuschalten. 그는 앉은 채로 손님에게 인사했다. Im Sitzen begrüßte er den Besucher ohne aufzustehen. 그는 선 채로 밥을 먹고 있다. Im Stehen isst er das Essen, ohne sich zu setzen.
리	Grund oder Möglichkeit zu negieren	부자이기 때문에 돈을 빌릴 리가 없다. Weil er reich ist, gibt es keinen Grund, Geld zu leihen. 착하기 때문에 나쁜 행동을 할 리가 없다. Weil er gutmütig ist, gibt es keinen Grund, schlecht zu handeln.

리	Grund oder Möglichkeit zu negieren	그게 정말일 리가 없다. Das kann nicht wahr sein. 그럴 리가 있나? Kann das sein?
바	Sache(☞ 것), Methode,	제가 아는 바를/것을 말하겠습니다. Ich werde dir sagen, was ich weiß, Sir. 당신이 생각하는 바는/것은 무엇입니까. Was ist der Inhalt Ihrer Gedanken. Sir? 그는 할 바를 모르다. Er weiß nicht, was er tun soll.
마련	Natürliche Angelehenheit	사람은 죽기/죽게 마련이다. Für den Menschen ist der Tod etwas Natürliches. 겨울에는 춥기 마련이다. Im Winter ist es natürlich, kalt zu sein. 돈이 있으면 쓰기/쓰게 마련이다. Wenn es Geld gibt, ist das Ausgeben eine natürliche Sache. 그 아이는 지금 초등학생이기 마련이다. Es ist natürlich, dass das Kind jetzt ein Grundschüler ist. * Wenn das vorangehende Wort abgeleitet von 동사 ist, wird "~기" oder "~게" verwendet. Und wenn das vorangehende Wort abgeleitet von 형용사 oder 명사 mit prädikativer PP[~(이)다] ist, wird "~(이)기" verwendet.
나름	Abhängigkeit	아내의 친절은 남편이 하기 나름이다. Die Freundlichkeit einer Frau hängt von der Einstellung ihres Mannes ab. 월급은 일하기 나름이다. Das Gehalt hängt von der Arbeit ab. 그것은 사람 나름이다. Das hängt von der Person ab. * Das vorangehende Wort ist Substantivtyp.
	Eigene Art	그는 항상 자기 나름대로 한다. Er tut es immer auf seine eigene Weise. 그는 그 사람 나름의 수영법으로 우승했다. Er gewann die Meisterschaft mit seiner eigenen Schwimmmethode. * Das vorangehende Wort ist Substantivtyp.
대로	Verfolgung	아이들은 어른들이 하는 대로 따라 한다. Kinder handeln wie Erwachsene es vormachen. 내가 말한 대로 해라. Tu was ich dir gesagt habe!

대로	Verfolgung	학생들은 선생님이 말하는 대로 노트에 쓴다. Die Schüler schreiben in das Notizbuch, wie der Lehrer sagt. ☞"~대로" von advebialer PP(부사격조사) in Abschnitt 15
참	kurz vor, gerade	지금 막 식사를 시작하려던 참입니다. Ich fange gerade an zu essen, Sir. 잠이 막 들려는 참이었다. Ich war kurz davor einzuschlafen. 전화가 왔을 때는 식사 후에 커피를 마시려던 참이었다. Als ich einen Anruf hatte, wollte ich gerade nach dem Essen Kaffee trinken.
겸	Zusatz, Zusammen -treffen, Gleichzeitigkeit	친구도 만나고 산책도 할 겸 공원에 갔다. Ich ging in den Park, um einen Freund zu treffen und gleichzeitig einen Spaziergang zu machen. 영어공부도 할 겸 미국 FOX방송의 뉴스를 보고 있다. Ich schaue mir die Nachrichten vom amerikanischen FOX-Kanal an, um auch Englisch zu lernen. 친구도 사귈 겸 등산동호회에 참가했다. Ich habe mich einem Bergsteigerverband angeschlossen, um auch Freunde zu finden. 총리 겸 외무부 장관 Premierminister und gleichzeitig Außenminister 침실 겸 서재 Schlafzimmer und gleichzeitig Arbeitszimmer * Das vorangegangene Wort ist Substantivtyp oder Prä-Nomen.

2 Abgeleitetes Substantiv(파생명사)

(1) 파생명사 wird hauptsächlich von Verb und Adjektiv abgeleitet.

- 삶(Leben), 사람(Mensch), 살림(Lebensunterhalt) ← 살다(leben, wohnen)
- 그림(Gemälde) ← 그리다(malen: 그림을 그리다)
- 춤(Tanz) ← 추다(tanzen: 춤추다, 춤을 추다)
- 꿈(Traum) ← 꾸다(träumen: 꿈꾸다, 꿈을 꾸다)
- 얼음(Eis) ← 얼다(frieren)

- 노름(Glücksspiel) ← 놀다(spielen)
- 잠(Schlaf) ← 자다(schlafen: 잠자다, 잠을 자다)
- 이름(Name) ← 이르다(erzählen, erklären)
- 짐(Last), 지게(Jige) ← 지다(auf dem Rücken tragen)
  * Jige: Koreanisches traditionelles Transportmittel, das auf dem Rücken des Menschen getragen wird.
- 걸음(Schritt) ← 걷다(schreiten)
- 울음(Weinen) ← 울다(weinen)
- 웃음(Gelächter) ← 웃다(lachen)
- 싸움(Streit, Kampf) ← 싸우다(streiten, kämpfen)
- 숨(Atem) ← 쉬다(atmen: 숨을 쉬다)
- 부채(Fächer) ← 부치다(fächeln: 부채로 부치다)
- 덮개(Decke) ← 덮다(abdecken)
- 마개(Stöpsel) ← 막다(zustopfen, verschließen)
- 지우개(Radiergummi) ← 지우다(ausradieren)
- 집게(Zange) ← 집다(abholen, aufnehmen)
- 달리기(Laufen) ← 달리다(laufen, rennen)
- 더하기(Addition) ← 더하다(addieren, hinzufügen)
- 빼기(Subtraktion) ← 빼다(subtrahieren, abziehen)
- 곱하기(Multiplikation) ← 곱하다(multiplizieren, vervielfältigen)
- 나누기(Division) ← 나누다(teilen)
- 믿음(Glaube) ← 믿다(glauben)
- 추위(Kälte) ← 춥다(kalt sein)
- 더위(Hitze, Wärme) ← 덥다(hitzig/heiß/warm sein)

(2) Gerundium(동명사): (Wortstamm des Verbs)"~기", "~ㅁ" oder "~는 것"

- 가다(gehen) → 가기, 감, 가는 것
- 그리다(malen) → 그리기, 그리는 것
- 추다(tanzen) → 추기, 추는 것

• 놀다(spielen) → 놀기, 노는 것
• 보다(sehen) → 보기, 봄, 보는 것
• 걷다(zu Fuß gehen) → 걷기, 걷는 것
• 싸우다(streiten, kämpfen) → 싸우기, 싸우는 것
• 일하다(arbeiten) → 일하기, 일함, 일하는 것
• 공부하다(studieren) → 공부하기, 공부함, 공부하는 것
• 쓰다(schreiben) → 쓰기, 씀, 쓰는 것
• 지키다(beschützen, bewachen) → 지키기, 지킴, 지키는 것
• 샤워하다(duschen) → 샤워하기, 샤워함, 샤워하는 것
• Und so weiter von allen Verben.

(3) Adjektivisches Substantiv(형용명사): (Wortstamm des Adjectivs)"~기" oder "~ㅁ"

• 푸르다(blau sein) → 푸르기/푸름(Bläue)
• 아름답다(schön sein) → 아름답기/아름다움(Schönheit)
• 젊다(jung sein) → 젊기/젊음(Jugendlichkeit)
• 기쁘다(froh sein) → 기쁘기/기쁨(Froheit)
• 슬프다(traurig sein) → 슬프기/슬픔(Traurigkeit)
• 밝다(hell sein) → 밝기/밝음(Helligkeit)
• 빠르다(schnell sein) → 빠르기/빠름(Schnelligkeit)
• 자유롭다(frei sein) → 자유롭기/자유로움(Freiheit)
• 평화롭다(friedlich sein) → 평화롭기/평화로움(Friedlichkeit)
• 정직하다(ehrlich sein) → 정직하기/정직함(Ehrlichkeit)
• 겸손하다(bescheiden/demütig sein)
→ 겸손하기/겸손함(Bescheidenheit/Demütigkeit)
• 깨끗하다(rein/sauber sein) → 깨끗하기/깨끗함(Reinheit/Sauberkeit)
• Und so weiter von allen Adjektiven.

* 형용명사 soll genauso verstanden und verwendet werden wie Gerundium(동명사).

(4) 파생명사 durch Affix(접사) zur Wurzel des Wortes(어근)

① 맏~: erstgeboren, erst, ältest

- 맏딸: die ältesten daughter
- 맏아들: der älteste Sohn
- 맏형: der älteste Bruder
- 맏며느리: Schwiegertochter des ältesten Sohnes
- 맏사위: Schwiegersohn der ältesten Tochter

② 홀~: einzig, ledig, allein

- 홀몸: Junggeselle, Junggesellin
- 홀어미: die verwitwete Mutter
- 홀아비: der verwitwete Vater
- 홀시아버지: der verwitwete Schwiegervater
- 홀시어머니: die verwitwete Schwiegermutter
- 홀수: ungerade Zahl(↔짝수: gerade Zahl)

③ 풋~: grün, unrief, unerfahren

- 풋고추: unreifer/grüner Pfeffer
- 풋사과: unreifer/grüner Apfel
- 풋과일: unreifes Obst
- 풋사랑: Jugendliebe
- 풋내기: Neuling, der unerfahrene, Greenhorn

④ 맨~: leer, nackt, unbekleidet

- 맨눈: Augen ohne Brille
- 맨몸: Körper mit nichts, nackter Körper
- 맨발: nackte Füße
- 맨손: leere Hand, Hand mit nichts
- 맨입: leerer Mund, Sprache nur ohne etwas Praktisches
- 맨바닥: unbedeckter Boden

- 맨주먹: nackte Faust, nichts in Hand

⑤ 암/암ㅎ~: weiblich

- 암수: Weibchen und Männchen
- 암놈/암컷: weibliche Kreatur
- 암탉: Henne
- 암소: Kuh
- 암캐: Hündin
- 암고양이: weibliche Katze
- 암퇘지: weibliches Schwein
- 암나사: Schraubenmutter

⑥ 수/수ㅎ~: männlich

- 수놈/수컷: männliche Kreatur
- 수탉: Hahn
- 수소: Ochs
- 수캐: männlicher Hund
- 수고양이: Kater
- 수퇘지: männliches Schwein
- 수나사: Schraubenbolzen

⑦ 노~: alt

- 노인: alter Mensch
- 노총각: alter Junggeselle
- 노처녀: alte Jungfrau
- 노신사: alter Herr
- 노대국: großes Land, das alt geworden ist

⑧ ~꾸러기/쟁이: Person, die zu etwas gewohnheitsmäßig überneigend ist oder sich selbst zuviel durchgehen läßt

- 잠꾸러기: Langschläfer, Schlafmütze
- 장난꾸러기: ungezogenes Kind
- 심술꾸러기/심술쟁이: Brummbär, brummiger Mensch
- 욕심꾸러기/욕심쟁이: gieriger Kerl
- 변덕꾸러기/변덕쟁이: launenhafter Mensch
- 겁쟁이: Feigling, Angsthase
- 거짓말쟁이: Lügner
- 수다쟁이: gesprächige Person, Schwätzer
- 멋쟁이: Dandy, Geck, Stutzer(~in), Modenarr, Modepuppe

* Das Suffix "~꾸러기" wird normalerweise für Kinder verwendet.

⑨ ~보: Person, die etwas gewohnheitsmäßig übertreibt oder einen körperlichen Defekt hat

- 울보: Heulsuse
- 꾀보: trickreiche/listige Person
- 느림보: Nachzügler, Faulpelz
- 뚱뚱보: dicke Person
- 땅딸보: untersetzte Person
- 째보: Person mit Hasenscharte
- 털보: Mann mit starkem Bart
- 곰보: pockennarbige Person
- 먹보: Fresser

⑩ ~가/사: professionelle Person

- 전문가: Spezialist
- 사업가: Geschäftsmann
- 작가: Schriftsteller, Autor
- 극작가: Drehbuchautor, Dramatiker
- 화가: Maler
- 소설가: Romanschriftsteller
- 의사: Doktor, Arzt
- 교사: Lehrer
- 변호사: Anwalt
- 간호사: Krankenschwester
- 박사: Doktor, Ph. D.
- 판사: Richter
- 항해사: Navigationsoffizier
- 비행사: Flieger, Pilot

⑪ ~꾼: Person, die einen weltlichen Job hat oder gewohnheitsmäßig etwas tut

- 장사꾼: Händler
- 노름꾼: Hasardspieler
- 구경꾼: Zuschauer, Publikum
- 사기꾼: Betrüger
- 일꾼: Arbeiter
- 짐꾼: Träger
- 나무꾼: Holzfäller, Brennholzsammler
- 낚시꾼: Angler
- 싸움꾼: Mann von Kampfgeist

⑫ ~질: Handlung, das Tun

- 양치질: die Reinigung der Zähne
- 바느질: Nadelarbeit
- 가위질: das Schneiden mit der Schere
- 톱질: das Sägen
- 도끼질: das Schwingen der Axt
- 손가락질: Fingerzeig
- 도둑질: das Stehlen, Diebstahl
- 계집질: Schürzenjägerei
- 서방질: Ehebruch der verheirateten Frau

⑬ 숫~: unschuldig

- 숫총각: unschuldiger Junggeselle
- 숫처녀: unschuldige Mädchen

"Einsilbige unabhängige Substantive(단음절 자립명사) mit hoher Häufigkeit

* Das Wort in Klammern( ) ist das originale Wort ausländischer Herkunft.

1) **Körperbezogen**

- 귀: Ohr
- 낯: Gesicht
- 넋: Seele, Geist
- 눈: Auge
- 등: Rücken
- 목: Hals
- 몸: Körper
- 발: Fuß
- 배: Bauch
- 볼/뺨: Wange
- 뼈: Knochen
- 뿔: Horn
- 살: Fleish
- 손: Hand
- 위(胃): Magen
- 입: Mund
- 코: Nase
- 키: Statur, Körpergröße
- 턱: Kiefer
- 털: Haar
- 팔: Arm
- 폐(肺): Lunge
- 피: Blut
- 혀: Zunge
- 혹: Wulst, Schwellung
- 혼(魂): Seele, Geist

2) **Lebewesen mit Herz(Mensch oder Tier)**

- 개: Hund
- 곰: Bär
- 나: Ich
- 남: andere Person, Fremder
- 너: du
- 닭: Huhn
- 딸: Tochter
- 말: Pferd
- 뱀: Schlange
- 벌: Biene
- 벗: Freund
- 새: Vogel
- 소: Rind
- 신(神): Gott
- 양(羊): Schaf
- 용(龍): Drache
- 학(鶴): Kran
- 형(兄): älterer Bruder

3) **Kreaturen ohne Herz oder leblose Dinge**

- 강(江): Fluß
- 김: Meerlatich
- 달: Mond
- 돌: Stein
- 들: Feld, Flur, Ebene
- 땅: Erde, Boden, Land, Grund
- 무: Rettich
- 물: Wasser
- 벼: Reispflanze
- 별: Stern
- 산(山): Berg
- 섬: Insel
- 차(茶): Tee
- 파: Lauch, Porree
- 풀: Gras, Pflanze
- 해: Sonne
- 흙: Erde, Boden

4) **Produkte von Lebewesen oder leblose Dinge**

- 감: Persimone
- 귤: Orange
- 금(金): Gold
- 김: Dampf, Dunst
- 꽃: Blume
- 꿀: Honig
- 낮: Tag
- 눈: Schnee
- 땀: Schweiß
- 떡: Reiskuchen
- 똥: Exkremente, Mist
- 밤: Kastanie
- 밤: Nacht, Abend
- 병(病): Krankheit
- 봄: Frühling
- 비: Regen
- 빛: Licht
- 쇠: Eisen, Metall
- 솜: Watte
- 쌀: Reis
- 암(癌): Krebs
- 은(銀): Silver
- 잎: Blatt
- 잣: Pinienkern
- 침: Speichel
- 콩: Bohne
- 터: Stelle, Platz, Baugrund

5) **Andere**

- 값: Wert, Preis
- 겁(怯): Fruchtsamkeit, Verzagtheit
- 국: Suppe, Brühe
- 길: Straße, Weg
- 곁: Nähe
- 껌: Kaugummi
- 끈: Schnur
- 끝: Spitze, Ende
- 낫: Sichel
- 답(答): Antwort
- 닻: Anker
- 덤: Zugabe
- 덕(德): Tugend
- 덫: Falle, Schlinge
- 돈: Geld
- 돛: Segel, Kanevas

ABSCHNITT 14

- 둑: Damm, Deich, Böschung
- 뒤: Rücken, Hinterseite
- 떼: Schar, Trupp, Haufen
- 뜰: Garten
- 뜸: Moxakur
- 뜻: Bedeutung, Absicht
- 맛: Geschmack
- 멋: Anmut, Eleganz, Grazie, Vornehmheit
- 몫: Anteil, Portion
- 문(門): Tür
- 방(房): Zimmer
- 밖: Außenseite
- 밥: gekochter Reis, Mahlzeit
- 밭: Feld, Ackerfeld
- 배: Schiff, Boot
- 벽(壁): Wand
- 복(福): Glück, Segen
- 볼(ball): Ball
- 북: Trommel
- 불: Feuer
- 붐(boom): Boom, Aufschwung
- 빚: Schuld
- 빵(pão): Brot
- 삶: Leben
- 성(城): Burg
- 속: Innerer Teil
- 솥: Kessel
- 쇼(show): Schau
- 시(詩): Gedicht
- 안: Innenseite
- 앞: Vorderseite, Vorderteil
- 약(藥): Arznei, Medizin, Heilmittel
- 옆: Seite, Nähe
- 예(例): Beispiel
- 옷: Kleidung
- 일: Sache, Angelegenheit, Arbeit
- 적(敵): Feind
- 절: buddhistischer Tempel
- 절: Verbeugung
- 점(占): Wahrsagerei
- 점(點): Punkt, Tupfen, Fleck
- 정(情): Zuneigung, Mitgefühl, Sympathie, Liebe
- 종(鐘): Glocke
- 죄(罪): Verbrechen, Sünde
- 죽(粥): Brei, Grütze
- 짐: Last, Ladung
- 집: Haus
- 짓: negative Handlung/Tat
- 차(車): Auto, Fahrzeug
- 책(冊): Buch
- 총(銃): Gewehr, Waffe
- 침(鍼): Akpunkturnadel

- 키: Ruder
- 탑(塔): Turm, Pagode
- 톱: Säge
- 틈: Riß, Spalt, Ritze, Zeit, Lücke, Zwischenraum
- 팀(team): Spielmannschaft
- 팬(fan): Freund, Enthusiast
- 펜(pen): Feder
- 폐(弊): Übel, Last, Plage
- 포(砲): Kanone
- 폼(form): Form, Gestalt, Figur
- 표(票): Zettel, Etikett, Stimme
- 풀: Klebpaste, Kleister
- 한(恨): Groll, Ressentiment, Verbitterung
- 흉: Fehler, Wunde, Defekt, Nachteil
- 흠: Narbe, Fehler, Schaden
- 힘: körperliche Kraft, Kraft, Energie

ABSCHNITT 15

Postposition

| PP: 조사 |

In diesem Abschnitt lernen wir einen der beiden wichtigsten Teile, nämlich 조사(Postposition) für 체언(Unflektierbares Wort) und 어미(Wortendung) für 용언(Deklinierbares Wort) im Koreanischen! Diese sind die Hauptunterschiede des Koreanischen, welches eine Agglutinationssprache ist, im Gegensatz zu Deutsch, das eine Flexionssprache ist. 조사 im Koreanischen ist als eine Wortart(품사) klassifiziert, welche ohne Spatium hinter ein Unflektierbares Wort geschrieben wird und als Konjunktion zu den folgenden Wörtern fungiert. Von den Arten der Postposition im Koreanischen entspricht die Adverbiale Postposition(부사격조사) der Präposition(an, bei, mit, nach, von, zu,,,) im Deutschen.

Die Arten der PP sind wie folgt.

- PP für Kasus(격조사)
  - Subjektive PP(주격조사)
  - Objektive PP(목적격조사)
  - Komplementäre PP(보격조사)
  - Prä-nominale PP(관형격조사)
  - Adverbiale PP(부사격조사)
  - Prädikative PP(서술격조사)
  - Vokativ-PP(호격조사)
- Hilfs-PP(보조사)

1 PP für Kasus(격조사)

격조사 wird verwendet, um den Kasus von 체언 in der Satzstruktur ohne zusätzliche Bedeutung auszudrücken. Im umgangssprachlichen Stil(구어체) können die 격조사 für 주격, 목적격, 보격 und 관형격 ausgelassen werden, da der Kasus von 체언 bereits an der Position im Satz erkennbar ist.

(1) Subjektive PP(주격조사)

① Die grundlegenden subjektiven PP sind "~이" und "~가"(☞Abschnitt 4), die verwendet werden, um auszudrücken, dass **체언** ein subjektiver Kasus ist. "~은" und "~는" sind sehr oft als **주격조사** verwendet, aber werden gramatisch als Hilfs-PP(**보조사**) klassifiziert, weil je nach den Fällen eine zusätzliche Bedeutung zu dem Satz hinzugefügt werden kann, wenn verwendet anstelle des "~이" und "~가".

② ~께서

Es wird um gegenüber dem Subjekt Respekt im Satz auszudrücken verwendet.

- 할아버지께서 그렇게 말씀하셨어.
  Der Großvater sagte so.

• 오늘 회의에 사장님께서 참석하실 예정입니다.
Der Chef wird voraussichtlich an der heutigen Sitzung teilnehmen, Sir.

* "~에" ist eine Adverbiale PP(부사격조사), die für Ort, Zeit, Richtung, usw. verwendet wird.
* "(동사)~ㄹ 예정이다(예정 + 이다)." drückt die Vermutung in Zukunft aus. Für die Vergangenheitsform ändert sich die prädikative PP zu "예정이었다."

• 할머니께서 지금 주무시고 계십니다.
Großmutter ist jetzt am Schlafen, Madam.

③ ~에서

Es wird sehr oft als 부사격조사 verwendet, was "auf/an/in/von einem Ort" bedeutet. Aber wenn es sich beim Subjekt jedoch um einen Organisationsnamen wie Schule, Unternehmen, Regierung, usw. handelt, kann es als 주격조사 verwendet werden.

• 회사에서 월급을 올린다고 합니다.
Es wird gesagt, dass das Unternehmen die Gehälter erhöhen wird, Sir.

* "~고 합니다.(← ~고 하다.)" ist eine Redeweise zur indirekten Rede. In diesem Fall ist "~고" eine adverbiale PP(부사격조사) für die indirekte Rede.

• 이것은 정부에서 추진하는 사업이다.
Dies ist ein Regierungsprojekt.

• 내일 학교에서 소풍을 갑니다.
Morgen werden die Schüler der Schule ein Picknick machen, Sir.

④ Auslassung von "~는" und "~은" in Umgangssprache

• 영수는 뭐해요? → 영수 뭐해요?
Was macht Yeongsu, Hr. ~?

• 아버님은 집에 안 계십니다. → 아버님 집에 안 계십니다.
Vater ist nicht zu Hause, Sir.

• 사장님은 언제 돌아오세요? → 사장님 언제 돌아오세요?
Wann kommt der Chef zurück, Fr. ~?

⑤ Abkürzung von "~는" und "~은"

"~는" und "~은" werden oft in der Umgangssprache abgekürzt, wenn sie an die Pronomina(나/저/너/우리/저희/너희, 이것/그것/저것, 여기/거기/저기 Abschnitt 6) kombiniert werden.

- 난(← 나는) 영호를 좋아해.
  Ich mag Yeongho.
  * 너는 → 넌, 우리는 → 우린, 저희는 → 저흰, 너희는 → 너흰
- 이건(←이것은) 순희의 공책이다.
  Das ist Sunhis Heft.
  * 그것은 → 그건, 저것은 → 저건
- 여긴(← 여기는) 왜 왔어?
  Warum kommst du hier?
  * 거기는 → 거긴, 저기는 → 저긴

(2) Objektive PP(목적격조사) Abschnitt 4**(Formel 4)**

① Auslassung von 목적격조사 in Umgangssprache

- 철수가 영미를 좋아해요. → 철수 영미 좋아해요.
  Cheolsu mag Yeongmi, Herr.
- 오늘 밤에 영화를 볼 예정이다. → 오늘 밤 영화 볼 예정이다.
  Ich werde heute Abend einen Film sehen.

* "~에" ist 부사격조사 für Angebe der Zeit. Im Falle, dass "~에" zur Angabe der Zeit ist, ist es möglich weggelassen zu werden.

② Abkürzung der objektiven PP(~를)

In der Umgangssprache, wenn "~를" an an die Pronomina(나, 저, 너, 우리, 저희, 너희, 누구), deren letzten Silbe kainen Schlusskonsonanten hat, kombiniert wird, wird "~를" oft abgekürzt.

- 난 널(← 너를) 사랑해.
  Ich liebe dich.
- 넌 누굴(← 누구를) 좋아하느냐?
  Wen magst du?
- 선생님이 우릴(← 우리를) 기다리신다.
  Der Lehrer wartet auf uns.

* 나를 → 날, 저를 → 절, 저희를 → 저흴, 너희를 → 너흴

(3) Komplementäre PP(보격조사) ☞Abschnitt 4(Formel 2)

① Auslassung von 보격조사 in Umgangssprache

- 너는 어른이 된다. → 너/넌 어른 된다.
- 구름이 비가 된다. → 구름이 비 된다.
- 이것은 옷이 아니다. → 이것/이건 옷 아니다.

(4) Prä-nominale PP(관형격조사)

☞Abschnitt 13[Genetiv-prä-Nomen(소유격관형사)]

(5) Adverbiale PP(부사격조사)

부사격조사 wird verwendet, um ein 체언 in ein Adverbialwort zu ändern und dann das folgende Prädikat zu modifizieren.

Anwendung	조사	예문
Ort, wo existiert	~에	한국에 저의 가족이 살고 있어요. Meine Familie lebt in Korea, Hr. ~. 아빠, 할머니는 거실에 계세요. Oma ist im Wohnzimmer, Papa. 엄마, 형은 지금 집에 없어요. Mein älterer Bruder ist jetzt nicht zu Hause, Mama.
Ort, am handelt	~에서	할아버지는 방에서 주무시고 계 십니다. Opa ist am Schlafen im Zimmer, Sir. 운동장에서 친구들과 축구를 했어요. Ich habe mit Freunden auf dem Spielplatz Fußball gespielt, Herr. * "~과/~와" ist auch ein 부사격조사, das "zusammen mit" bedeutet. 저는 어디에서 자요? Wo schlafe ich, Hr. ~?
Ort, zum handelt	~에	피곤하면 침대에 누워라. Wenn du müde bist, lege dich auf das Bett! 엄마는 쟁반 한 개를 탁자에 놓았다. Mama stellte ein Tablett auf den Tisch. 선생님은 칠판에 "조용히!"라고 썼다. Der Lehrer schrieb "Ruhig!" an die Tafel. * "~라고" ist auch ein 부사격조사 für die direkte Rede.

Entfernen vom Ort oder Sache	~에서, ~에서부터	미국에서 친척이 왔어요. Verwandte kamen aus den Staaten, Fr. ~. 어디에서 오셨습니까? Woher kommen Sie, Sir? 나는 기차역에서부터 걸어서 왔다. Ich bin zu Fuß vom Bahnhof gekommen. * "~에서부터" gibt den genauen Abfahrtsort an. * 걸어서 ist, dass "걷다(ㄷ-불규칙동사)" mit einer verbindenden Wortendung(~아서/~어서) verbunden ist, die Methode bedeutet.(☞Abschnitt 20)
Annäherung zum Ort oder Sache	~에, ~(으)로	드디어 집에 도착했다. Endlich zu Hause angekommen. 그는 키가 커서 머리가 천장에 닿는다. Weil er groß ist, berührt sein Kopf die Decke. 너의 집에/집으로 가거라. Geh nach Hause! 바닷가에(바닷가로) 오세요. Kommen Sie zum Strand! * "~(으)로" drückt die Richtung aus. Wenn es 받침자음 außer "ㄹ" in der letzten Silbe gibt, wird "~으로" verwendet. Wenn es kein 받침자음 außer "ㄹ" gibt, wird "~로" verwendet. 그는 정원의 꽃에 물을 주었다. Er besprengte die Blumen im Garten.
Angabe der Zeit oder Frist	~에, ~부터	나는 아침 여덟 시(에) 떠날 예정이다. Ich werde um 8 Uhr morgens abreisen. 내일 아침(에) 공항에서 만나자. Lass uns uns morgen früh am Flughafen sehen! 나는 작년에 대학교를 졸업했다. Ich habe letztes Jahr die Universität abgeschlossen. 우리는 이번 가을에 결혼할 예정입니다. Wir werden diesen Herbst heiraten, Sir. 한국어 수업은 열 시에/시부터 시작해요. Die 한국어-Klasse beginnt um/ab 10 Uhr, Herr. * "~부터" wird verwendet, um die genaue Startzeit auszudrücken. 영어수업은 다섯 시에 끝난다. Der Englischunterricht endet um 5 Uhr. 미사는 한 시간 후에 끝납니다. Die Messe wird in einer Stunde beendet sein, Sir.

<table>
<tr><td>Angabe der Zeit oder Frist</td><td>~에,
~부터</td><td>기차는 10분 전에 떠났다.
Der Zug fuhr vor 10 Minuten ab.
* "~에"-부사격조사 kann im Falle von Anfgabe der Zeit in Umgangssprache ausgelassen werden.</td></tr>
<tr><td>Entfernen vom Mensch oder Tier</td><td>~에게서,
~한테서,
~로부터</td><td>아버지에게서 용돈을 받았습니다.
Ich habe Taschengeld von meinem Vater erhalten, Sir.
친구에게서/친구한테서/친구로부터 편지가 왔다.
Ein Brief kam von einem Freund.
그는 개한테서/개로부터 멀리 달아났다.
Er rannte weit weg von dem Hund.
그 아이는 엄마에게서/엄마한테서/엄마로부터 멀어졌다.
Das Kind entfernte sich von der Mutter.
* "~한테서" ist umgangssprachlich.</td></tr>
<tr><td>Annäherung zum Mensch oder Tier (Dativer Kasus)</td><td>~에게,
~한테</td><td>개가 고양이한테/고양이에게 달려갔다.
Der Hund rannte zu der Katze.
철수가 영자에게/영자한테 꽃을 선물했다.
Cheolsu überreichte Yeongja Blumen.
저는 아버님에게 용돈을 드렸습니다.
Ich habe meinem Vater Taschengeld gegeben, Sir.
미국은 우리에게 중요한 우방이다.
Die Vereinigten Staaten von Amerika sind für uns ein wichtiger Verbündeter.
* "~한테" ist auch umgangssprachlich.</td></tr>
<tr><td>zusammen mit Partner oder Rivale</td><td>~와,
~과,
~(이)하고,
~(이)랑</td><td>우리는 어젯밤 적군과 싸웠다.
Wir haben letzte Nacht gegen den Feind gekämpft.
저는 영미와 결혼하고 싶습니다.
Ich möchte Yeongmi heiraten, Madam.
영수는 석현이하고 수영을 하고 있다.
Yeongsu schwimmt mit Seokhyeon.
철수와 기택은(기택과 철수는) 친구이다.
Cheolsu und Gitaek(Gitaek und Cheolsu) sind Freunde.
저는 영선이랑(철수랑) 술래잡기를 했어요.
Ich habe mit Yeongseon(Cheolsu) Verstecken gespielt, Mama.
저는 아침에 커피랑 빵을 먹어요.
Ich esse morgens Kaffee und Brot, Fr. ~.
바나나와 파인애플과 망고는 필리핀의 주요 과일이다.
Banane, Ananas und Mango sind die Hauptfrüchte der Philippinen.
* "~(이)하고" und "~(이)랑" sind umgangssprachlich.</td></tr>
</table>

Qualifikation, Status, Soziale Position	~(으)로, ~(으)로서	나는 군인으로서 나라를 지킨다. Ich verteidige das Land als Soldat. 그는 대통령으로서 임무를 수행하고 있다. Er erfüllt seine Rolle als Präsident. 혜영은 그를 친구로서 돕는다. Hyeyeong hilft ihm als Freund. * Das Substantiv mit "~(으)로서" bedeutet dieselbe Entität wie das Subjekt im Satz, daher sind "혜영" und "친구" dieselbe Person. 민오는 영희를 친한 친구로 생각한다. Mino betrachtet Yeonghi als einen intimen Freund. 수미는 그를 남편으로 맞았다. Sumi akzeptierte ihn als ihren Ehemann. 우리는 그를 대표로 뽑았다. Wir ernennen ihn zu unserem Vertreter. * Das Substantiv mit "~(으)로" bedeutet dieselbe Entität wie das Objekt im Satz, daher sind "그" und "대표" dieselbe Person.
Instrument, Methode, Material	~(으)로, ~(으)로써	그는 분필로 벽에 '소변금지'라고 썼다. Er schrieb mit Kreide 'Urinieren Verboten' an die Wand. 나는 비행기로 독일에 간다. Ich fliege mit dem Flugzeug nach Deutschland. 그는 빌린 돈으로 집을 샀다. Er kaufte ein Haus mit Darlehen. 그는 죽음으로/죽음으로써 공산주의에 반대했다. Er widersetzte sich dem Kommunismus durch den Tod. 이 길로 가세요. Gehen Sie diesen Weg! 빵은 밀가루로 만듭니다. Brot wird aus Mehl hergestellt, Sir. 그는 나무로 집을 지었다. Er baute ein Haus aus Holz. 그는 감사의 뜻을 말로/말로써 표현하였다. Er drückte seine Dankbarkeit in Worten aus. * "~(으)로써" wird in Schriftsprache verwendet.
Bereich, Grenze	~부터, ~까지, ~부터 ~까지, ~에서 ~까지	나부터 강을 건너겠다. Ich werde zuerst den Fluss überqueren. 너부터 해 봐. Du, versuche es zuerst! 끝까지 최선을 다해라. Gib dein Bestes bis zum Ende!

Bereich, Grenze	~부터, ~까지, ~부터 ~까지, ~에서 ~까지	학교부터/학교에서 집까지 얼마나 멀어? Wie weit ist es von der Schule nach Hause? 처음부터 중간까지 읽어라. Lies von Anfang bis Mitte! 서울부터/서울에서 부산까지 얼마나 걸립니까? Wie lange dauert es von Seoul nach Busan, Sir? * "~에서" und "~부터" können zusammen als Startpunkt für Zeit und Ort verwendet werden. Wenn jedoch die Startzeit nicht genau ist, kann "~에서" nicht verwendet werden. 저는 월요일부터/월요일에서 수요일까지 휴가입니다. Ich bin von Montag bis Mittwoch im Urlaub, Herr. 점심시간은 12시부터/12시에서 1시까지입니다. Die Mittagspause ist von 12 bis 13 Uhr, Sir. 나는 작년부터 한국에서 살고 있다. Ich lebe seit letztem Jahr in Korea. 1991년부터/1991년에서 1995년까지 나는 독일, 본에서 근무했다. Von 1991 bis 1995 arbeitete ich in Bonn, Deutschland.
Grund, Ursache	~(으)로, ~에	많은 사람이 암으로 죽는다. Viele Menschen sterben an Krebs. 폭우에/폭우로 집들이 떠내려갔다. Die Häuser wurden von starkem Regen weggefegt. 태풍에/태풍으로 많은 나무가 쓰러졌다. Viele Bäume fielen wegen Taifuns. 나는 바람소리에 잠이 깼다. Wegen des Windgeräuschs bin ich aufgewacht. 왕자의 탄생으로/탄생에 온 국민이 기뻐했다. Die ganze Nation war begeistert von der Geburt des Prinzen.
Einheit	~에	나는 수박 한 통을 500원에 샀다. Ich habe eine Wassermelone für 500Won gekauft. 나는 한 달에 30만원을 임대료로 지불한다. Ich bezahle 300.000Won pro Monat als Miete. 쌀 한 포대에 5만원입니다. Ein Sack Reis kostet fünfzigtausend Won, Sir.
Veränderung, Variation	~(으)로	날씨가 추워서 물이 얼음으로 변했다. Das Wasser hat sich in Eis verwandelt, weil das Wetter kalt ist. 그는 임대료를 10만원에서 20만원으로 인상했다. Er hat die Miete von 100.000 Won auf 200.000 Won erhöht.

Veränderung, Variation	~(으)로	그는 사기꾼으로 알려졌다. Er war als Betrüger bekannt. 뽕나무 밭이 바다로 변했다. Das Maulbeerfeld hat sich in Meer gewandelt.
Differential -vergleich	~보다	이 산은 저 산보다 (더) 높다. Dieser Berg ist höher als dieser Berg. 영자는 순자보다 (더) 키가 크다. Yeongja ist größer als Sunja. * "더" ist ein Adverb, das für den Komparativ verwendet wird. · 많다./더 많다.: viel/mehr · 빠르다./더 빠르다.: schnell/schneller 비행기는 기차보다 훨씬 더 빠르다. Das Flugzeug ist viel schneller als der Zug.
äquivalenter Vergleich	~처럼, ~만큼	혜영이는 순희처럼/순희만큼 예쁘다. Hye-Young ist so hübsch wie Sun-Hee. 기호는 영철이처럼/영철이만큼 빨리 달린다. Giho rennt so schnell wie Yeongcheol. 오늘은 어제만큼/어제처럼 춥지 않다. Heute ist nicht so kalt wie gestern.
Umstand, Feld, Reich	~에서	이 세상에서 가장 아름다운 여자는 누구냐? Wer ist die schönste Frau in dieser Welt? 저는 가난한 가정에서 근면을 배웠습니다. Ich habe den Fleiß in einer armen Familie gelernt, Sir. 한국사회에서 가장 어려운 문제는 지역감정이다. Das schwierigste Problem in der koreanischen Gesellschaft ist das regionale Gefühl. 우리 반에서 영수가 제일 똑똑하다. Yeongsu ist der klügste in unserer Klasse.
direkte Rede (직접화법)	~라고	동수는 "아빠, 저는 학교에 가요."라고 말했다. Dongsu sagte, "Ich gehe zur Schule, Papa." 그는 "도둑이야!"라고 소리쳤다. Er schrie, "Dieb!". 경찰은 "그 사람 누구냐?"라고 물었다. Die Polizei fragte, "Wer ist er?"
Übereinstimmung, Verfolgung	~대로	모든 것이 내 생각대로 되었다. Alles wurde so gemacht, wie ich dachte. 저 아이는 무엇이든지 제멋대로 한다. Dieser Junge macht alles auf seine eigene Weise.

Übereinstimmung, Verfolgung	~대로	그들은 왕의 명령대로 행동했다. Sie handelten so, wie es der König befahl. 네 마음대로 해라. Es liegt an dir! 모든 일이 계획대로 진행 되었다. Alles verlief wie geplant.

(6) Prädikative PP(서술격조사) ☞Abschnitt 4, 7, 8, 10

Unter den Arten der Postposition ist die prädikative PP, die nur einen Typ[~(이)다] hat, eine einzigartige Postposition, da die Wortendung von "~(이)다." basierend auf Modus der Satz, Zeitform und Grad der Höflichkeit wie die deklinierbaren Wörter modifiziert wird.

(7) Vokativ-PP(호격조사) ☞Abschnitt 4

(8) 부사격조사 für die indirekte Rede(간접화법)

Art des Satzes	조사	예문
-Aussagesatz mit Verb oder Adjektiv -Ausrufesatz	~고	동수는 학교에 간다고 말했다./했다. Dongsu sagte, dass er zur Schule gehen werde. 민지는 빵을 먹겠다고 말했어요./했어요. Minji sagte, dass sie Brot essen werde, Fr. ~. 형이 할아버지는 지금 주무신다고 말했다./했다. Der ältere Bruder sagte, der Großvater jetzt schliefe. 그는 집이 정말 크다고 말했다./했다. Er sagte, das Haus sei wirklich groß. 꽃이 매우 아름답다고 누나가 감탄했다. Meine Schwester rief aus, was für eine schöne Blume es wäre. 수미는 경치가 아름답다고 말했다./했다. Sumi sagte, dass die Landschaft wunderschön sei. 영수는 착하다고 선생님께서 칭찬하셨어요. Der Lehrer lobte, dass Yeongsu gutmütig sei, Mama.
Aussagesatz mit Prädikative PP [~(이)다]	~(이)라고, ~이/~가 아니라고	그는 직업이 군인이라고 썼다. Er schrieb, sein Beruf sei ein Soldat. 순미는 간호사라고 말했어요./했어요. Sunmi sagte, sie sei eine Krankenschwester, Fr. ~. 자기는 도둑이 아니라고 철호가 주장했다. Cheolho bestand darauf, dass er kein Dieb sei. 민호는 교사가 아니라고 아버지가 말씀하셨다. Der Vater sagte, Minho sei kein Lehrer.

Fragesatz	~(이)냐고	아버지께서 왜 나가냐고 물으셨다. Vater fragte, warum ich ausginge. 엄마가 뭐 먹냐고 물었어요. Mama fragte mich, was ich äße, Papa. 경찰은 직업이 무엇이냐고 물었어요. Die Polizei fragte mich, was mein Job sei, Hr. ~. 수업이 재미있냐고 선생님이 질문하셨다. Der Lehrer fragte, ob die Klasse interessant sei.
Imperativsatz	~(으)라고	사장님이 내일부터 출근하라고 말했어요./했어요. Boss sagte mir, ich solle ab morgen zur Arbeit kommen, Mama. 선생님이 더 열심히 공부하라고 말씀하셨다./하셨다. Der Lehrer sagte mir, ich solle härter lernen. 장군은 적의 공격을 막으라고 명령했다. Der General befahl, den Angriff des Feindes abzuwehren.
"Lass uns"-Satz	~자고	영희가 영화를 보자고 말했다./했다. Yeonghi hat mich gebeten, einen Film zu sehen. 아내가 한국에서 살자고 말했어요./했어요. Meine Frau sagte, wir sollen in Korea wohnen, Sir.

* "~고 말하다." und "~고 하다." haben die gleiche Bedeutung wie "sagen, dass ~". Und "~고 말씀하셨다./~고 하셨다." ist die Vergangenheitsform von "~고 말씀하시다./~고 하시다.", das der respektvolle Ausdruck ist.

Umgangssprachliche Ausdrücke in der indirekten Rede

① (용언)~대요./~답니다.

- 동수는 학교에 간다고 말했어요./말했습니다.
  → 동수는 학교에 간대요./간답니다.
- 민지는 빵을 먹겠다고 말했어요./말했습니다.
  → 민지는 빵을 먹겠대요./먹겠답니다.
- 그는 집이 정말 크다고 말했어요./말했습니다.
  → 그는 집이 정말 크대요./크답니다.
- 수미는 경치가 아름답다고 말했어요./말했습니다.
  → 수미는 경치가 아름답대요./아름답답니다.

② [서술격조사(~이)다]~(이)래요./~(이)랍니다.

- 순미는 학생이라고 말했어요./말했습니다.
  → 순미는 학생이래요./학생이랍니다.
- 민호는 선생이 아니라고 말했어요./말했습니다.
  → 민호는 선생이 아니래요./아니랍니다.
- 그는 직업이 군인이라고 말했어요./말했습니다.
  → 그는 직업이 군인이래요./군인이랍니다.

③ (동사 in 청유문)~재요./~잡니다.

- 영희가 영화를 보자고 말했어요./말했습니다. → 영희가 영화를 보재요./보잡니다.
- 아내가 한국에서 살자고 말했어요./말했습니다. → 아내가 한국에서 살재요./살잡니다.

* Wenn “요.” aus “~대요.”, “~(이)래요.” und “~재요.” in obigen Beispielsätze ausgelassen wird, werden die Sätze die Niederausdrücke.

2 Hilfs-PP(보조사)

Hilfs-PP drückt die Einstellung oder Meinung der Person aus, die spricht, durch zusätzliche Bedeutung zum unflektierbaren Wort(체언) oder zum Substantivtyp anstelle von PP für Kasus(격조사) oder mit 격조사 zusammen. 보조사 kann aufgrund der zusätzlichen Bedeutung nicht aus dem Satz weggelassen werden.

(1) Verwendung von 보조사

보조사	Anwendung	예문
~은/~는	Vergleich, Kontrast, Beschreibung für Subjekt	밤은 어둡고, 낮은 밝다. Die Nacht ist dunkel und der Tag ist hell. 저는 독일에서 온 베로니카라고 합니다. Ich heiße Veronika aus Deutschland, Madam. 우리 강아지는 밖에서 오줌을 누지 않는다. Unser Hündchen pinkelt nicht draußen.

~은/~는	Vergleich, Kontrast, Beschreibung für Subjekt	저는 그것이 좋은 방법이라고 생각합니다. Ich denke, das ist eine gute Methode, Sir. 영희는 더 많은 돈이 필요하다고 주장한다. Yeonghi besteht darauf, dass mehr Geld benötigt wird 고래는 물고기가 아니야. Der Wal ist kein Fisch. 그 바나나는 영수가 먹었다. Die Banane wurde von Yeongsu gegessen. 오늘 회의의 주제는 한국의 미래입니다. Das Thema des heutigen Treffens ist die Zukunft Koreas, Sir.
~(이)밖에	Ausnahme	그는 우리 반에서 철수밖에 좋아하지 않아. Er mag niemanden in unserer Klasse außer Cheolsu. 저는 만원밖에 없습니다. Ich habe kein Geld mehr außer zehntausend Won, Sir. 나는 너밖에 모른다. Ich kenne niemanden außer dir. * Auf "~밖에" folgt immer das negative Prädikat.
~만, ~뿐(이다.)	Alleinheit, Ausschließlichkeit, Beschränkung	나는 너만 믿는다. Ich vertraue nur dir. 나만 오늘 학교에 갔다. Nur ich bin heute zur Schule gegangen. 그가 좋아하는 학생은 지민이뿐이다. Sein Lieblingsschüler ist nur Jimin. 믿을 사람은 너뿐이다. Ich habe niemanden außer dir, auf den ich mich verlassen kann. * "~만" und "~뿐" haben die symmetrische Bedeutung von "~밖에".
~마다	alle, jeder	• 날마다: jeden Tag • 이틀마다: jeden zweiten Tag • 집집마다: jedes Haus • 곳곳마다: überall • 갈 적마다: jedes Mal, wenn man geht 너를 볼 때마다 너의 아버지가 생각난다. Jedes Mal, wenn ich dich sehe, denke ich an deinen Vater. 사람마다 그를 칭찬 한다. Jeder lobt ihn. 버스는 5분마다 떠난다. Die Busse fahren alle fünf Minuten ab. 그녀는 만나는 사람마다 그 사건을 이야기한다. Sie spricht mit jedem, den sie trifft, über das Ereignis.

~도, ~조차, ~마저, ~까지	Zugehörigkeit, Einbeziehung, zusammen	저뿐만 아니라 정국이도 노래를 잘합니다. Nicht nur ich, sondern auch Jeongguk singen gut, Sir. 너도 혜주도 태영이도 우리 학교의 학생들이다. Du auch, Hyeju auch und Taeyeong sind auch Schüler unserer Schule. 영만이도/조차/마저/까지 학교에 오지 않았다. Yeongman kam auch nicht zur Schule. 이런 것까지 사오셨어요? Haben Sie das auch gekauft, Herr? 그 사람은 만나기조차 힘들다. Es ist schwierig, ihn nur zu sehen. * "~ 조차" und "~ 마저" sind für die negative Situation im Allgemeinen.
~(이)라도	Konzession	돈이 없으면, 구걸이라도 해라. Wenn du kein Geld hast, musst du gar betteln. 아줌마, 돈이 조금밖에 없으면, 천원이라도 주세요. Wenn Sie nur wenig Geld haben, geben Sie mir nur tausend Won, Tantchen! 어린애라도 그것을 안다. Sogar ein Kind kann es wissen.
~(이)거나, ~(이)든 ~(이)든지, ~(이)든가	Iirgendein, Auswahl	택시거나(~든/~든지/~든가) 버스거나(~든/~든지/~든가) 아무거나 타자. Nehmen wir Taxi oder Bus oder irgendwas.. 사과든(~든지/~거나/~든가) 귤이든(~이든지/~이거나/~이든가) 배든(~든지/~거나/~든가) 다 좋아한다. Apfel oder Orange oder Birne, ich mag jedes davon. 돈이든가(~이든/~이거나/~이든지) 쌀이든가(~이든/~이거나/~이든지) 무엇이든지 너에게 주겠다. Ich werde dir Geld oder Reis oder was auch immer geben.
~(이)라고	Zitierung, heißen, Nennung, Rede	볼프강이라고 하는 사람 ein Mann namens Wolfgang 그 당시 한국을 고려라고 불렀다. Damals hieß Korea "Koryŏ". 자네가 가는 곳이 어디라고 했나? Wohin hast du gesagt, dass du gehst?

~들	pluralisches Subjekt	울지들 마라. Weint nicht! 벌써 다들 떠났다. Alle von ihnen sind gegangen. 많이들 먹어라. Esst viel! 어서들 오세요. Herzlich willkommen, Herren. 빨리들 가거라. Geht schnell! 식사들 하셨습니까? Haben Sie gegessen, Herren? 어서 밥들 먹어라. Esst schnell! 결혼들은 했을까? Haben sie geheiratet? * "~들" wird an Adverb, Substantiv, Pronomen oder abgeleitete Wörter von 용언 angehängt, um zu implizieren, dass das Subjekt des Satzes Plural ist.

(2) Beispiele für die Verwendung von 보조사 zusammen mit 격조사

- 사람은 빵만으로(만 + 으로) 살 수 없다.
  Der Mensch kann nicht allein vom Brot leben.
- 나에게는(에게 + 는) 명예가 가장 중요하다.
  Ehre ist mir in der Tat das Wichtigste.
- 정국이는 왼손으로도(으로 + 도) 글씨를 잘 쓴다.
  Jungkook schreibt auch mit der linken Hand gut.
- 내 강아지는 방안에서만(에서 + 만) 잘 논다.
  Mein Hündchen spielt nur im Zimmer gut.
- 나는 서울로는(로 + 는) 안 간다.
  Ich werde sowieso nicht nach Seoul gehen.
- 공산주의 국가에서는(에서+는) 자유가 없다.
  In kommunistischen Ländern gibt es keine Freiheit.

ABSCHNITT 16

Deklinierbares Wort

| 용언 |

Das deklinierbare Wort, das das Subjekt oder das Objekt des Satzes durch Modifikation seiner Wortendung(어미) detailliert beschreibt, gliedert sich in zwei Wortarten(동사, 형용사). Außerdem kann die prädikative PP[~(이)다.] auch wie das deklinierbare Wort verwendet werden, das im vorhergehenden Abschnitt behandelt wurde. Auf die Modifikation von 어미 für 용언 werden wir in Abschnitt 20 ausführlich eingehen. Es heißt, dass die Möglichkeiten der Modifikation von 어미 für 용언 insgesamt etwa 1,760 beziffern.

Im Koreanischen sind 동사 und 형용사 in ihrer Funktion sehr ähnlich, daher gibt es ein Sprichwort, dass 형용사 ein Teil von 동사 ist, oder 동사 und 형용사 Geschwister sind. Daher gelten die Konjugationsregeln, die nur für die Verben im Deutschen gelten, auch für die Adjektive im Koreanischen.

Grundunterschiede zwischen 동사 und 형용사

Einteilung 구분	동사 (예 가다/gehen, 먹다/essen, 공부하다/lernen)	형용사 (예 아름답다/schön, 바쁘다/beschäftigt, 검다/schwarz 시원하다/frisch, kühl)
어미 des Prädikats in 현재시제	~ㄴ다./~는다. (간다. 먹는다. 공부한다.)	Keine Änderung (아름답다. 바쁘다. 검다. 시원하다.)
Bei Anwendung als Prä-Nomen(관형사) in 현재시제	~ㄴ/~는 (간, 먹는, 공부하는)	~ㄴ/~은 (아름다운, 바쁜, 검은, 시원한)
Ausrufewortendung in 현재시제	~는구나! (가는구나! 먹는구나! 공부하는구나!)	~구나! (아름답구나! 바쁘구나! 검구나! 시원하구나!)
Wenn "~아라" oder "~어라" als 어미 angewendet wird,	Imperativ [가거라. 먹어라. 공부해(← 하여)라.]	Ausruf [아름다워라! 바빠라! 검어라! 시원해(← 하여)라!]

1 Verb(동사)

Das Verb wird in das regelmäßige Verb(규칙동사) und das unregelmäßige Verb(불규칙동사) unterteilt, basierend auf der Art der Modifikationen im Wortstamm(어간) oder in der Wortendung(어미). Hier lernen wir die Grundtypen von 규칙동사 und 불규칙동사 sowie das Hilfsverb(보조동사) und das abgeleitete Verb(파생동사)!

(1) 규칙동사

- 규칙동사 hat keine Modifikation im Wortstamm(어간) und in der Grundform von 어미 für irgendeine Konjugation.
- Auch wenn 동사 modifiziert ist, kann dies durch die gemeinsame Regel erklärt werden, die für alle anderen gleichen Verbtypen gilt.

① Keine Modifikation in Wortstamm[예 읽다 → 읽(어간) + 다(어미)]

- 나는 책을 읽는다.
  Ich lese ein Buch.
- 저는 어제 책을 읽었어요.
  Ich habe gestern ein Buch gelesen, Mama.
- 너는 책을 읽느냐?
  Liest du ein Buch?
- 우리 책을 읽자.
  Laß uns ein Buch lesen.
- 너는 매우 잘 읽는구나!
  Du liest ausgezeichnet!
- 나는 책을 읽고 너는 신문을 읽는다.
  Ich lese ein Buch und du liest Zeitung.
- 책을 읽어라.
  Lies ein Buch!
- 책을 읽는 학생이 많다.
  Es gibt viele Studenten, die Bücher lesen.
- 나는 책 읽기를 좋아한다.
  Ich mag es Bücher zu lesen.
- 책을 많이 읽으면 똑똑해진다.
  Wenn man viele Bücher liest, wird man weise.

* "읽다", das keine Modifikation von 어간 basierend auf der routinemäßigen Modifikation von 어미 hat, wird als 규칙동사 klassifiziert.

<Andere 규칙동사>

- 입다: anziehen
- 먹다: essen
- 자다: schlafen
- 씻다: waschen
- 당기다: ziehen
- 벗다: ausziehen
- 닫다: schließen
- 믿다: glauben
- 잡다: fangen, halten
- 쏟다: gießen
- 뛰다, 달리다: laufen
- 속다: betrogen werden
- 잊다: vergessen
- 씹다: kauen
- 빼앗다: rauben, mit Gewalt nehmen
- 묻다: begraben
- 뽑다: herausziehen, verwurzeln
- 접다: falten

② Auslassung von “ㄹ” aus 어간[예 얼다 → 얼(어간) + 다(어미)]

- 물이 언다.
  Das Wasser gefriert.
- 물이 어느냐?
  Gefriert das Wasser?
- 물이 얼고 있느냐?
  Ist das Wasser am Gefrieren?
- 물이 어는구나!
  Das Wasser gefriert!
- 물이 얼었습니다.
  Das Wasser ist gefroren, Sir.
- 겨울에는 강이 업니다.
  Der Fluß gefriert im Winter, Sir.
- 물이 얼어서 마실 수 없다.
  Da das Wasser gefroren ist, kann es nicht getrunken werden.
- 물이 얼면 걸어서 강을 건널 수 있다.
  Wir können den Fluß zu Fuß überqueren, wenn das Wasser gefroren ist.

* “ㄹ” aus 어간 wird durch die Routinekonjugation wie “언다.” für die Gegenwart oder durch die allgemeine Regel, dass der Anlautkonsonant der folgenden Silbe “ㄴ” ist, und dass 어간 mit “~ㅂ니다.” kombiniert wird, weggelassen.
Da die Auslassung von “ㄹ” aus “얼다” auf der gemeinsamen Regel für alle “~ㄹ다”-동사 basiert, wird “얼다” als 규칙동사 klassifiziert.

<Andere 규칙동사 des gleichen Typs>

- 울다: weinen
- 갈다: mahlen
- 돌다: drehen
- 몰다: fahren
- 열다: öffnen
- 달다: aufhängen
- 알다: wissen
- 밀다: schieben
- 썰다: schneiden

③ Auslassung von “으” aus 어간(예 쓰다)

- 편지는 연필로 쓰세요.
  Bitte, schreiben Sie den Brief mit dem Bleistift!
- 펜으로 쓰면 지울 수 없어요.
  Wenn Sie mit der Feder schreiben, können Sie es nicht ausradieren.

- 친구에게 편지를 써(← 쓰어)서 우체통에 넣었다.
  Ich schrieb einen Brief an einen Freund und legte ihn in den Briefkasten.
- 친구에게 편지를 썼(← 쓰었)지만 아직 답장이 없다.
  Obwohl ich einen Brief an den Freund geschrieben habe, gibt es noch keine Antwort.
- 부모님께 문안편지를 썼(← 쓰었)습니다.
  Ich schrieb meinen Eltern einen Brief, um Hallo zu sagen, Sir.
- 나는 지금 선생님께 편지를 쓰고 있다.
  Ich schreibe jetzt einen Brief an den Lehrer.
- 너는 지금 즉시 형에게 편지를 써(← 쓰어)라.
  Schreibe jetzt sofort an den Bruder!

* "ㅡ" aus 어간 wird durch die gemeinsame Regel weggelassen, dass der Anlautkonsonant der folgenden Silbe "ㅇ(medialer Vokal)" ist.

<Andere 규칙동사 des gleichen Typs>

- 따르다: folgen, gießen
- 뜨다: schweben, aufgehen(Sonne, Mond)
- 끄다: löschen, ausschalten
- 치르다: bezahlen
- 담그다: eintauchen
- 잠그다: zuschließen

(2) 불규칙동사

Wenn ein 동사 die Modifikation in 어간 oder in 어미 hat, während die anderen Verben des gleichen Typs keine Modifikationen als 규칙동사 haben, wird das 동사 als 불규칙동사 klassifiziert. Es gibt 11 Arten von unregelmäßigen Verben(ㄷ, ㄹ, ㅂ, ㅅ, 으, 우, 르, 러, 여, 거라, 너라), und hier werden wir die 5 typischen Arten eingehend lernen.

① 어간-불규칙동사

ㅅ-불규칙동사(예 짓다)

- 나는 집을 짓는다.
  Ich baue ein Haus.

• 나는 집을 지었습니다.
Ich habe ein Haus gebaut, Sir.

• 집을 짓는 동안에 비가 왔다.
Beim Hausbau hat es geregnet.

• 여기에 집을 짓지 마세요.
Bitte, bauen Sie hier kein Haus!

• 여기에 집을 지으면 더 좋겠다.
Es wäre besser, hier ein Haus zu bauen.

• 나는 집을 짓고 아내는 아이를 돌본다.
Ich baue ein Haus und meine Frau kümmert sich um das Kind.

* "ㅅ" von 어간 aus "짓다" wird weggelassen, wenn der Anlautkonsonant der folgenden Silbe in Wortendung "ㅇ(medialer Vokal)" ist. In anderen "~ㅅ다"-Verben(예 예 예 벗다, 씻다) wird "ㅅ" in keiner Konjugation weggelassen. Daher wird das "짓다" als 불규칙동사 klassifiziert.

<Andere 불규칙동사 des gleichen Typs>

• 낫다: sich erholen, genesen
• 잇다: verbinden
• 젓다: rühren, rudern
• 붓다: gießen, anschwellen
• 긋다: ziehen, linieren

ㄷ-불규칙동사(예 묻다)

• 수미가 가격을 묻는다.
Sumi fragt nach dem Preis.

• 수미 가 가격 을 물었다.
Sumi fragte nach dem Preis.

• 수미가 가격을 물어요./묻습니다.
Sumi fragt nach dem Preis, Hr.~./Sir.

• 수미가 가격을 묻고 점원이 대답한다.
Sumi fragt nach dem Preis und der Angestellte antwortet.

• 수미가 가격을 물으면 점원이 대답한다.
Wenn Sumi nach dem Preis fragt, antwortet der Angestellte.

• 수미가 가격을 물으니까 점원이 대답했다.

Weil Sumi nach dem Preis fragte, antwortete der Verkäufer.

* "ㄷ" von 어간 aus "묻다" ändert sich zu "ㄹ", wenn der Anlautkonsonant der folgenden Silbe "ㅇ" ist. Aber in anderen "~ㄷ다"-Verben(예 닫다, 쏟다) wird "ㄷ" in keiner Konjugation modifiziert.

<Andere 불규칙동사 des gleichen Typs>

- 걷다: zu Fuß gehen
- 듣다: hören
- 깨닫다: erkennen, verstehen
- 싣다: laden

르-불규칙동사(예 모르다)

• 해수는 그 사건을 모른다.

Haesu weiß nicht, was passiert.

• 나는 모르지만 해수는 안다.

Ich weiß es nicht, aber Haesu weiß es.

• 나는 몰랐(← 모르았)고 해수는 알고 있었다.

Ich wußte es nicht, aber Haesu wußte es.

• 저는 그것을 모릅니다./몰라(← 모르아)요.

Ich weiß es nicht, Sir./Hr. ~.

• 저는 그것을 몰랐어요./몰랐습니다.

Das wußte ich nicht, Hr. ~./Sir.

• 나는 이것을 몰라(← 모르아)도 너는 이것을 알아야 한다.

Auch wenn ich das nicht weiß, sollst du das wissen.

* Wenn 어간(모르) mit 어미 verbunden ist, dessen Anlautkonsonanten der mediale Vokal(~아/어~, ~았/었~, ~아도/어도~, usw.) ist, ändert 어간 sich zu "몰ㄹ~", während andere "~르다"-Verben(예 치르다, 따르다) nicht als 규칙동사 modifiziert werden.

<Andere 불규칙동사 des gleichen Typs>

- 가르다: teilen
- 기르다: aufziehen
- 누르다: drücken
- 찌르다: stechen
- 머무르다: bleiben
- 고르다: auswählen
- 나르다: tragen, transportieren
- 오르다:steigen
- 흐르다: fließen, strömen

ㅂ-불규칙동사(예 돕다)

• 나는 아픈 사람을 돕는다.
Ich helfe der kranken Person.

• 너희들은 서로 도와야 한다.
Sie müssen sich gegenseitig helfen.

• 나는 너를 돕지만 너는 나를 돕지 않는다.
Ich helfe dir, aber du hilfst mir nicht.

• 나는 그를 도왔습니다.
Ich habe ihm geholfen, Sir.

• 나는 지금 아내를 돕고 있다.
Ich helfe jetzt meiner Frau.

• 가난한 사람을 도우면, 복을 받을 것이다.
Wenn Sie den Armen helfen, werden Sie gesegnet.

* "ㅂ" von 어간 aus "돕" wird weggelassen, wenn der Anlautkonsonant der folgenden Silbe von 어미 "ㅇ" ist. In anderen "~ㅂ다"-Verben(예 입다, 씹다) wird "ㅂ" in keiner Konjugation weggelassen. Daher wird "돕다" als 불규칙동사 klassifiziert.

<Andere 불규칙동사 des gleichen Typs>

• 굽다: braten, backen
• 눕다: sich hinlegen
• 줍다: aufheben

② 어미-불규칙동사

여-불규칙동사[예 공부하다 → 공부하(어간) + 다(어미)]

• 나는 독일어를 공부한다.
Ich lerne Deutsch.

• 수영이는 공부하고 영수는 잠을 잔다.
Suyeong lernt und Yeongsu schläft.

• 수영이는 열심히 공부해(← 하여)서 대학교에 입학했다.
Suyeong studierte hart und trat ins College ein.

• 오늘은 학교에서 수학을 공부했(← 하였)습니다.
Heute habe ich in der Schule Mathematik studiert, Sir.

• 영수는 열심히 공부해(← 하여)도 시험성적이 안 좋다.

Obwohl Yeongsu hart lernt, sind die Testergebnisse nicht gut.

* Wenn "~하다"-동사 und "~하다"-형용사 mit "~아(서)/어(서)~", "~(아)도/(어)도~", "~았/었~" und so weiter verbunden sind, die in der ersten Silbe den medialen Vokal haben, ändert sich "~하~" zu "~하여(→ 해)~" oder "~하였(→ 했)~". Die "~하여~" und "~하였~" sind schriftsprachlich und die ~해~" und "~했~" sind umgangssprachlich.

<Andere 불규칙동사 des gleichen Typs>

- 등산하다: den Berg besteigen
- 생각하다: denken
- 일하다: arbeiten
- 원하다: mögen, wünschen

(3) Hilfsverb(보조동사)

Das Hilfsverb steht im Satz hinter Hauptverb oder Adjektiv und fügt zusätzliche Bedeutung hinzu. Meistens folgt 보조동사 nach Haupt-동사 im Satz, mit Ausnahme einiger Fälle, in denen es mit 형용사 zusammen funktioniert.

Anwendung	보조동사	예문
Ablehnung, Verneinung	~지 않다. ~지 못하다. ~지 말다.	☞Abschnitt 10
Beschäftigung, Kausalität	~게/~도록 하다.	나는 거기에 집을 짓게/짓도록(← 짓다) 했다. Ich habe dort ein Haus bauen lassen. 그는 개한테 생선을 먹게/먹도록(← 먹다) 했다. Er ließ den Hund Fisch essen. 나는 종업원들을 열심히 일하게/일하도록(← 일하다) 했다. Ich habe sie hart arbeiten lassen.
Passivität	~아/~어 지다.	이렇게 하면 홍수가 막아(← 막다) 진다. Wenn du es auf diese Weise tust, wird die Überschwemmung gestoppt. 이 공장에서 자동차가 만들어(← 만들다) 집니다. In dieser Fabrik werden Autos hergestellt, Sir.
Veränderung	~게 되다.	공산주의에서는 자유를 잃게(← 잃다) 된다. Im Kommunismus geht die Freiheit verloren. 운동을 안 하면 살이 찌게(← 찌다) 된다. Wenn du dich nicht bewegst, wirst du an Gewicht zunehmen.

		할머니, 이제는 김치를 먹게(← 먹다) 되었어요. Oma, ich habe jetzt begonnen Kimchi zu essen.
näher -kommender Verlauf	~아/~어 오다. (동사, 형용사)	날이 점점 밝아(← 밝다) 온다. Allmählich wird der Tag heller. 떠날 날이 가까워(← 가깝다) 왔다. Der Tag der Abreise ist näher gekommen. 영수가 뛰어(← 뛰다) 온다. Yeongsu kommt gerannt.
weggehender Verlauf	~아/~어 가다.	환자가 죽어(← 죽다) 간다. Der Patient ist am Sterben. 그는 나에게서 점점 멀어져(← 멀어지다) 갔다. Er ging immer weiter von mir weg.
nachheriges Geschehen	~고 나다. (~고 나서 ~)	샤워를 하고(← 하다) 나서 식사를 했다. Ich habe nach dem Duschen gegessen. 아침을 먹고(← 먹다) 나서 학교에 갔다. Nach dem Frühstück ging ich zur Schule.
Verlauf der Handlung oder Situation	~고 있다. ☞Abschnitt 7	그는 신문을 읽고 있다. Er ist am Lesen der Zeitung. 그는 운동장을 달리고(← 달리다) 있습니다. Er ist am Rennen auf dem Spielplatz, Herr.
vollständige Beendung	~아/~어 버리다.	버스에서 지갑을 잃어(← 잃다) 버렸다. Ich habe meinen Geldbeutel im Bus verloren. 개가 생선을 먹어(← 먹다) 버렸다. Der Hund hat den ganzen Fisch aufgefressen. 나는 이미 그 책을 다 읽어(← 읽다) 버렸다. Ich habe das Buch bereits durchgelesen.
Bedienung, Angebot	~아/~어 주다.	아들에게 자전거를 사(← 사다) 주었다. Ich habe ein Fahrrad für meinen Sohn gekauft. 딸에게 인형을 만들어(← 만들다) 주었다. Ich habe eine Puppe für meine Tochter gemacht.
	~아/~어 드리다. * Demütiger Ausdruck	나는 할아버지에게 밥을 지어(← 짓다) 드렸다. Ich habe eine Mahlzeit für meinen Großvater gekocht. 나는 할머니에게 돋보기를 사(← 사다) 드렸다. Ich habe meiner Großmutter eine Lupe gekauft.
Versuchen, Probieren	~아/~어 보다.	아버님, 이것 좀 드셔(← 드시어 ← 드시다) 보세요. Vater, probieren Sie dieses Essen, bitte! 나는 얼음을 만져(← 만지어 ← 만지다) 보았다. Ich berührte und fühlte das Eis.

Überteibung, Betonung	~아/~어 대다.	강당에 있는 모든 사람들이 함께 웃어(← 웃다) 대었다. Alle Leute haben laut aufgelachtet. 그는 큰 소리로 내 이름을 불러(← 부르다) 대었다. Er rief meinen Namen laut auf.
Pflicht, Zwang	~아야/~어야 한다.	너는 이 약을 먹어야 한다. Du mußt dieses Arzneimittel einnehmen. 아이들은 학교에서 공부해야(← 공부하다) 한다. Kinder sollen in der Schule lernen.
Fähigkeit	~ㄹ 수 있다.	나는 자전거를 탈(← 타다) 수 있다. Ich kann Fahrrad fahren. 나의 아내는 차를 운전할(← 운전하다) 수 있다. Meine Frau kann Auto fahren. 영호는 독일어를 말할(← 말하다) 수 있다. Yeongho kann Deutsch sprechen.
Zugeständnis, Anerkennung	~기는 하다.	나는 그 사람을 만나기는(← 만나다) 했다. Ich gebe zu, dass ich diese Person getroffen habe. 그는 순남이를 좋아하기는(← 좋아하다) 했다고 인정했다. Er gab zu, dass er Sunnam mochte.
Vortäuschen, Simulieren	~ 척하다. ~ 체하다. (동사, 형용사)	그는 아픈 척하고/체하고 얼굴을 찡그리고 있다. Er runzelt die Stirn, um vorzutäuschen, krank zu sein. 자는 척하지/체하지 마. Gib nicht vor zu schlafen! 그 아이는 나를 보았지만 못 본 체했다./척했다. Obwohl das Kind mich sah, gab es vor, mich nicht gesehen zu haben.
Behalten, Legen	~아/~어 놓다.	날씨가 더워서 나는 창문을 열어(← 열다) 놓았다. Weil das Wetter heiß war, ließ ich das Fenster offen. 나는 옷을 못에 걸어(← 걸다) 놓았다. Ich lies meine Kleidung am Nagel hängen.
	~아/~어 두다.	나는 돈을 책상서랍에 넣어(← 넣다) 두었다. Ich habe Geld in der Schreibtischschublade aufbewahrt. 내 말을 잘 들어(← 듣다) 둬. Höre gut zu und denke daran, was ich sagen werde!
Zeigen, Sehenlassen	~아/~어 보이다.	그는 나에게 글자를 써(← 쓰어 ← 쓰다) 보였다. Er schrieb Schriftzeichen und zeigte es mir. 엄마는 아기에게 방긋 웃어(← 웃다) 보였어요. Mutter lächelte ihr Baby wunderschön an, Fr. ~.

(4) Abgeleitetes Verb(파생동사)

① Abstraktes Substantiv(추상명사) + "~하다"

Durch Hinzufügen des Suffixes von "~하다" zum abstrakten Substantiv, das die Wurzel des Wortes(어근) ist, entsteht das Verb.

- 공부하다: lernen
- 성공하다: Erfolg haben
- 등산하다: Berg besteigen
- 금지하다: verbieten
- 수정하다: nachbessern
- 결혼하다: heiraten
- 출산하다: gebären
- 사망하다: sterben
- 사랑하다: lieben
- 수영하다: schwimmen

- 그들은 어제 교회에서 결혼했다.
  Sie wurden gestern in der Kirche verheiratet.
- 이 호수는 낚시를 금지하고 있다.
  Dieser See darf nicht befischt werden.

② Wortstamm aus dem Adjektiv + "~아/~어 하다" → Transitives Verb(타동사)

- 밉다: verhasst, abscheurich → 미워하다: hassen
- 기쁘다: froh, grücklich → 기뻐하다: sich erfreuen
- 창피하다: schämlich → 창피해하다: sich schämen
- 귀엽다: lieblich, nett, hübsch → 귀여워하다: lieben, lieb haben
- 미안하다: es tut mir leid → 미안해하다: entschuldigen sich
- 고맙다: dankbar → 고마워하다: danken, sich bedanken

- 할머니는 손녀를 매우 귀여워하신다.
  Oma liebt sehr ihre Enkelin.
- 철수는 자기의 잘못을 미안해한다.
  Cheolsu entschuldigt sich für seinen Fehler.
- 먼저 아내에게 지금의 행복을 고마워하고 싶다.
  Zunächst möchte ich meiner Frau für das jetzige Glück danken.

③ Wortstamm aus dem Adjektiv + "~아/~어지다" → Intransitives Verb(자동사)

- 높다: hoch → 높아지다: hoch werden, steigen
- 크다: groß → 커지다: groß werden, sich vergrößern
- 예쁘다: schön, hübsch → 예뻐지다: schön/hübsch werden
- 낮다: niedrig → 낮아지다: niedergehen
- 귀엽다: niedlich, nett → 귀여워지다: niedlich/nett werden

• 좋다: gut → 좋아지다: besser werden
• 나쁘다: schlimm, schlecht → 나빠지다: schlimm/schlecht werden
• 밝다: hell → 밝아지다: aufhellen, hell werden
• 검다: schwarz → 검어지다: schwarz werden, sich schwärzen

• 가을에는 하늘이 더 높아진다.
Im Herbst wird der Himmel höher.

• 아기가 점점 더 귀여워져요.
Baby wird immer niedlicher, Fr. ~.

• 요즈음 경제가 좋아지고 있다.
Die Wirtschaft verbessert sich in diesen Tagen.

④ Adverb für Nachahmung von Schall oder Gebärde +
"~(이)다/~대다/~거리다" → Intransitives verb

• 찰랑찰랑 → 찰랑이다/찰랑거리다/찰랑대다: rollen und plätschern wie kleine Wellen in Pool.
• 출렁출렁 → 출렁이다/출렁거리다/출렁대다: wogen wie Wellen im Meer.
• 펄럭펄럭 → 펄럭이다/펄럭거리다/펄럭대다: im Wind flattern wie große Flagge.
• 팔락팔락 → 팔락이다/팔락거리다: im Wind flattern wie kleine Fahne oder fallende Blätter.
• 컹컹 → 컹컹대다/컹컹거리다: (Der Hund) bellt.
• 흔들흔들 → 흔들거리다: schwanken.
• 살랑살랑 → 살랑이다/살랑대다/살랑거리다: sanft bewegen, leicht gehen, sanft blasen.

• 파도가 심하게 출렁댑니다.
Die Wellen wogen heftig, Sir.

• 태극기가 바람에 펄럭입니다.
Die koreanische Nationalflagge flattert im Wind, Sir.

2 Adjektiv(형용사)

Das Adjektiv drückt das Attribut oder die Situation des Hauptwortes als Prädikat im Satz aus und wird in das regelmäßige Adjektiv(규칙형용사) und das unregelmäßige Adjektiv(불규칙형용사) aufgeteilt, basierend auf Modifikation von 어간 oder 어미. Hier werden wir die Grundtypen von 규칙형용사, 불규칙형용사, das Hilfsadjektiv(보조형용사) und das abgeleitete Adjektiv(파생형용사) lernen.

(1) 규칙형용사

규칙형용사 hat die gleichen Regeln wie 규칙동사.

① Keine Modifikation von 어간 in irgendeiner Konjugation von 어미
[예 싫다 → 싫(어간) + 다(어미)]

- 나는 갑제가 싫다.
  Ich hasse Gapje.
- 선생님, 저는 갑제가 싫어요.
  Ich hasse Gapje, Herr.
- 갑제는 싫지만 영호는 좋습니다.
  Ich hasse Gapje, aber ich mag Yeongho, Sir.
- 어렸을 때 갑제가 정말 싫었어요.
  Ich hasste Gapje wirklich, als ich jung war, Onkel.

<Andere 규칙형용사>

- 짧다: kurz
- 넓다: breit
- 밝다: hell
- 검다: schwarz
- 희다: weiß
- 굵다: dick
- 좁다: schmal, eng

② Auslassung von “ㄹ” von 어간[예 길다 → 길(어간) + 다(어미)]

- 머리카락이 길다.
  Das Haar ist lang.
- 머리카락이 길어서/기니까 불편해요.
  Es ist unangenehm, weil meine Haare lang sind, Fr. ~.

ABSCHNITT 16

• 머리카락이 긴 사람은 들어올 수 없다.
Menschen mit langen Haaren können nicht eintreten.

• 저의 머리카락은 깁니다.
Meine Haare sind lang, Sir.

• 머리카락이 기네요.
Die Haare sind lang, Fr. ~.

• 머리카락이 정말 길군요!
Wirklich lang sind diese Haare, Fr. ~!

• 머리카락이 길면 이발소에 가세요.
Wenn Sie lange Haare haben, gehen Sie zu einem Friseurladen.

• 머리카락이 길지 않습니다.
Die Haare sind nicht lang, Sir.

* "ㄹ" von 어간 wird weggelassen, wenn es "긴" als Adjektivprä-nomen verwendet wird, und wenn es zu "~ㅂ니다" oder zu "ㄴ", das der Anlautkonsonant der folgenden Silbe ist, kombiniert wird. Da die Auslassung von "ㄹ" aus "길다" auf der gemeinsamen Regel für alle "~ㄹ다"-형용사 wie "~ㄹ다"-규칙 동사 basiert, wird "길다" als 규칙형용사 klassifiziert.

<Andere 규칙형용사 des gleichen Typs>

• 멀다: weit, fern
• 달다: süß
• 둥글다: rund
• 어질다: gutherzig

③ Auslassung von "으" aus 어간[예 아프다 → 아프(어간) + 다(어미)]

• 머리가 아픕니다./머리가 아파(← 프아)요.
Mein Kopf tut weh, Sir./Hr. ~.

• 머리가 아프니까/아파(← 프아)서 잠을 못 자요.
Ich kann wegen der Kopfschmerzen nicht schlafen, Hr. ~.

• 머리가 아프면 약을 먹어라.
Wenn du Kopfschmerzen hat, nimm Medikamente!

• 나는 머리가 아파도 약을 먹지 않는다.
Ich nehme keine Medikamente, auch wenn mein Kopf schmerzt.

• 머리가 아프고 열이 나요.
Ich habe Kopfschmerzen und Fieber, Hr. ~.

• 어제는 머리가 아팠(← 프았)다.
Ich hatte gestern Kopfschmerzen.

* "으" aus 어간 wird aufgrund der allgemeinen Regel weggelassen, dass der Anlautkonsonant der folgenden Silbe in 어미 "ㅇ(medialer Vokal)" ist, die "~아~", "~았~", "~아서", "~아도" und so weiter ist.

<Andere 규칙형용사 des gleichen Typs>

• 고프다: hungrig
• 바쁘다: beschäftigt
• 아프다: schmerzhaft
• 기쁘다: froh, glücklich
• 슬프다: traurig
• 쓰다: bitter

(2) 불규칙형용사

Es gibt 8 Arten von unregelmäßigen Adjektiven(ㄹ, ㅂ, ㅅ, 으, 르, 러, ㅎ, 여), und hier werden wir die 6 typischen Arten eingehend lernen.

① 어간-불규칙형용사

ㅅ-불규칙형용사(예 낫다)

• 이 회사는 저 회사보다 낫습니다./나아요.
Diese Firma ist besser als jene Firma, Sir/Hr. ~.

• 어렸을 때 경수는 나보다 나았다.
In jungen Jahren war Gyeongsu besser als ich.

• 아들은 아버지보다 나아야 한다.
Der Sohn muss besser als sein Vater sein.

• 너의 영어실력이 나보다 낫기를 바란다.
Ich hoffe, Ihre Englischkenntnisse sind besser als meine.

* "ㅅ" von 어간 aus "낫다" wird weggelassen, wenn der Anlautkonsonant der folgenden Silbe in 어미 "ㅇ" ist, wie ㅅ-불규칙동사.

ㅂ-불규칙형용사(예 쉽다)

• 이 문제는 너무 쉬워(← 우어)요./쉽습니다.
Dieses Problem ist zu einfach, Hr. ~/Sir.

• 이 문제는 쉬워도 저 문제는 쉽지 않아요.
Dieses Problem ist einfach, aber jenes Problem ist nicht einfach, Fr. ~.

• 문제들이 더 쉬우면 좋겠다.
Ich hoffe, die Probleme sind einfacher.

• 이 문제는 쉽지만 푸는데 오래 걸린다.
Dieses Problem ist einfach, aber es dauert lange, bis es gelöst ist.

* "ㅂ" ändert sich zu "~우~", wenn der Anlautkonsonant der folgenden Silbe der mediale Vokal ist, aber beim anderen "~ㅂ다"-Adjektiv(z. B. 좁다/eng) wird "좁" nicht geändert als 규칙형용사. Deswegen wird "쉽다" als 불규칙형용사 klassifiziert.

<Andere 불규칙형용사 des gleichen Typs>

• 맵다: scharf
• 덥다: heiß
• 춥다: kalt
• 가깝다: nahe
• 바보스럽다: dumm
• 아름답다: schön
• 어렵다: schwierig
• 즐겁다: fröhlich
• 자비롭다: barmherzig
• 곱다: hübsch, nett

르-불규칙형용사(예 다르다)

• 이것은 그것과 다르다.
Dies ist anders als jenes.

• 영수는 영철이와 많이 달라(← 다르아)요./다릅니다.
Youngsu unterscheidet sich sehr von Youngchul, Hr. ~/Sir.

• 우리는 성격이 달라서 자주 싸웁니다.
Wir kämpfen oft, weil wir unterschiedliche Charaktere haben, Sir.

• 이 가격도 다르지 않다.
Dieser Preis ist auch nicht anders.

• 그들은 성격이 너무 달랐(← 다르았)습니다./달랐어요.
Ihre Charaktere waren so unterschiedlich, Sir/Hr. ~.

• 가격은 다르지만/달라도 품질은 같습니다.
Die Preise sind unterschiedlich, aber die Qualität ist die gleiche, Sir.

* Wenn 어간 mit den medialen Vokalen(~아~, ~았~, usw.) in der ersten Silbe verbunden ist, ändert sich 어간(다르) zu "달ㄹ ~" wie 르-불규칙동사.

<Andere 불규칙형용사 des gleichen Typs>

- 빠르다: schnell
- 이르다: früh
- 게으르다: faul
- 서투르다: ungeschickt, linkisch

② 어미-불규칙형용사

여-불규칙형용사[예 행복하다 → 행복하(어간) + 다(어미)]

- 나의 어머니는 행복하시다.
  Meine Mutter ist glücklich.
- 아내는 행복해(← 하여)서 눈물을 흘렸다.
  Meine Frau vergoss Tränen, weil sie glücklich war
- 수영이는 대학교에 입학해(← 하여)서 행복했(← 하였)어요./행복했습니다.
  Suyeong war glücklich, weil er in die Universität eingetreten war, Oma/Madam.
- 영희는 행복하지만/행복해도 수영이는 행복하지 않아요./않습니다.
  Yeonghi ist glücklich, aber Suyeong ist nicht glücklich, Hr. ~/Sir.

* Wenn 어간 mit der Wortendung verbunden ist, die in der ersten Silbe einen medialen Vokal hat, ändert sich "~하~" zu "~해/했~".

<Andere 불규칙형용사 des gleichen Typs>

- 깨끗하다: sauber
- 시원하다: kühl
- 피곤하다: müde
- 조용하다: leise

러-불규칙형용사[예 푸르다 → 푸르(어간) + 다(어미)]

- 하늘은 푸르고 바람은 시원하다.
  Der Himmel ist blau und der Wind ist kühl.
- 하늘이 푸르니까/푸르러(← 푸르어)서 경치가 더 아름답다.
  Weil der Himmel blau ist, ist die Landschaft schöner.
- 하늘은 푸르러도 내 마음은 우울하다.
  Obwohl der Himmel blau ist, ist mein Herz betrübt.
- 어제는 하늘이 정말 푸르렀(← 푸르었)어요./푸르렀습니다.
  Der Himmel war gestern wirklich blau, Hr. ~/Sir.

* Wenn 어간 mit der Wortendung(어미) verbunden ist, die die medialen Vokale von

“~어도”, “~어서”, und “~었~” in der ersten Silbe hat, ändert sich 어미 zu “~러도”, “~러서” und “~렀~”.

<Anderes 불규칙형용사 des gleichen Typs>

- 누르다: braun gelblich

③ 불규칙형용사 von 어간 und 어미 zusammen

ㅎ-불규칙형용사[예 하얗다 → 하얗(어간) + 다(어미)]

- 눈은 하얗다.
  Der Schnee ist weiß.
- 눈은 하얗고 가볍다.
  Der Schnee ist weiß und leicht.
- 눈이 하얘(← 하얗아)요./눈이 하얗습니다.
  Der Schnee ist weiß, Opa/Sir.
- 눈은 하얬(← 하얗았)어요./하얬습니다.
  Der Schnee war weiß, Opa/Sir.
- 눈이 하야(← 하얗으)니까/하얘(← 하얗아)서 아름다웠어요.
  Der Schnee war wunderschön, weil er weiß war, Opa.

* Wenn 어간 mit 어미(~으니까) verbunden ist, werden “ㅎ” von 어간 und “으” von 어미 zusammen weggelassen.

* Wenn 어간 mit der Wortendung verbunden ist, die den medialen Vokal von “~아~” oder “~았~” in der ersten Silbe hat, wird “ㅎ” von 어간 weggelassen, und noch “~ㅑ~”/“~ ㅑㅆ~” geändert zu “~ㅒ~”/“~ㅒㅆ~”.

<Andere 불규칙형용사 des gleichen Typs(Alle von “~ㅎ다”-형용사 außer “좋다”/gut)>

- 까맣다: tiefschwarz
- 동그랗다: rund
- 그렇다: ja, so, richtig
- 파랗다: blau, grün

(3) Hilfsadjektiv(보조형용사)

Das Hilfsadjektiv, das im Satz hinter 용언 steht, fügt eine adjektivische Bedeutung hinzu. Im Fall, dass 보조형용사 dasselbe wie 보조동사 ist, bedeutet es, dass das vorhergehende Wort 형용사 ist.

Anwendung	보조형용사	예문
Wunsch, Hoffnung	~고 싶다.	나는 매운 라면이 먹고(← 먹다) 싶다. Ich möchte einen scharfen Ramyon essen. 나는 내일 너를 만나고(← 만나다) 싶다. Ich hoffe, dass ich dich morgen sehe. 저는 집에 가고(← 가다) 싶습니다. Ich möchte nach Hause gehen, Sir.
voraussichtliche Hoffnung	~ㅆ으면 싶다.	네가 시험에 합격했으면(← 합격하다) 싶다. Ich wünsche, dass du die Prüfung bestehst. 이 소식이 사실이었으면(← 사실이다) 싶다. Ich wünsche, dass diese Information wahr ist.
Negation, Verneinung	~지 않다.	이 꽃은 저 꽃만큼 아름답지(← 아름답다) 않다. Diese Blume ist nicht so schön wie jene Blume. 물이 맑지(← 맑다) 않다. Das Wasser ist nicht klar. 그는 부지런하지(← 부지런하다) 않습니다. Er ist nicht fleißig, Sir.
Insuffizienz, Mangel	~지 못하다.	물이 맑지 못하다. Dem Wasser mangelt es an Klarheit. 그는 유능하지(← 유능하다) 못하다. Ihm mangelt es an Fähigkeiten.
Zugeständnis, Anerkennung	~기는 하다.	그것이 비싸지(← 비싸다) 않기는 하다. Ich gebe zu, dass es nicht teuer ist. 이 망고는 달기는(← 달다) 하다. Ich erkenne an, dass diese Mango süß ist.
Vermutung, Anschein, Schätzung	~나 보다. ~ㄴ가 보다. ~는가 보다. ~ㄹ까 보다./하다.	태풍이 오나/오는가(← 오다) 보다. Es scheint, dass ein Sturm kommt. 영주는 누군가를 사랑하고 있나/있는가(← 있다) 봐요. Ich denke, dass Yeongju in jemandem verliebt ist, Fr. ~. 꽃이 떨어지나/떨어지는가(← 떨어지다) 보다. Es scheint, dass die Blume fällt. 이것이 더 크나/큰가(← 크다) 보다. Dies sieht größer aus.

		가방이 너무 무겁나/무거운가(← 무겁다) 보다. Der Koffer sieht zu schwer aus. 공부를 그만둘까(← 그만두다) 봅니다./합니다. Ich denke darüber nach, mit dem Lernen aufzuhören, Sir. 저는 내일 떠날까(← 떠나다) 봐요./해요. Ich denke daran, morgen zu gehen, Hr. ~.
Fortsetzung der Situation	~아/어 있다.	아파서 하루 종일 침대에 누워(← 눕다) 있어요. Den ganzen Tag liege ich wegen Krankheit im Bett, Fr. ~. 그는 어제 한 시간 동안 이 의자에 앉아(← 앉다) 있었다. Er saß gestern eine Stunde auf diesem Stuhl. 장미꽃이 아름답게 활짝 피어(← 피다) 있다. Die Rose ist wunderschön in voller Blüte.
fast, beinahe	~ 뻔하다.	그는 강에 빠질(← 빠지다) 뻔했다. Er wäre fast in den Fluß gefallen. 기차 출발시간에 늦을(← 늦다) 뻔했다. Es war fast spät für die Abfahrtszeit des Zuges.
Vermutung, Möglichkeit	~ㄹ 법하다.	그것은 일어날(← 일어나다) 법한 사고다. Das ist ein möglicher Unfall. 그 정도라면 그는 화가 날(← 나다) 법했다. In diesem Ausmaß war er möglicherweise wütend. 비가 올 법하다. Es wird wahrscheinlich regnen.

(4) Abgeleitetes Adjektiv(파생형용사)

① Abstraktes Substantiv(추상명사) + "~스럽다": ㅂ-불규칙형용사

Das Suffix von "~스럽다" fügt dem abstrakten Substantiv, das die Wurzel des Wortes ist, die Bedeutung von "verdienend oder würdig der Natur, des Charakters oder der Qualifikation" hinzu.

- 사랑스럽다: lieblich, charmant, hübsch, süß
- 영광스럽다: herrlich, geehrt, ehrenwert
- 불만스럽다: unbefriedigend, unzufrieden
- 걱정스럽다: unruhig, ängstlich, bange, besorgniserregend, unwohl
- 불안스럽다/불안하다: unruhig, ängstlich *
- 죄송스럽다/죄송하다: bedauerlich, es tut leid *
- 민망스럽다/민망하다: armselig, jämmerlich *

*Zwei Wörter haben eine fast ähnliche Bedeutung als dieselben Adjektive, aber "~스럽다"-형용사 impliziert mehr persönliche Gefühle der Person, die spricht, als "~하다"-형용사.

- 나는 사랑스러운 처녀와 결혼하고 싶다.
  Ich möchte ein liebliches Mädchen heiraten.
- 여러분에게 말씀드리게 되어 매우 영광스럽습니다.
  Ich fühle mich sehr geehrt, zu Ihnen zu sprechen.
- 불만스러운 결과: ein unzufriedendes Ergebnis
- 저의 장래가 불안스럽습니다./불안합니다.
  Ich fühle mich unwohl in Bezug auf meine Zukunft, Sir.
- 죄송하지만/죄송스럽지만 같이 갈 수 없습니다.
  Es tut mir leid, aber ich kann nicht mit Ihnen gehen, Sir.

* "~지만" ist eine verbindende Wortendung, die die gegenteilige Meinung in der folgenden Klausel bewirkt.(☞Abschnitt 20)

- 회의시간에 너무 늦어서 민망스러웠다./민망했다.
  Es war jämmerlich, zur Besprechung zu spät zu sein.

② Substantiv + "~답다": ㅂ-불규칙형용사

Das Suffix von "~답다" fügt dem Substantiv, das die Wurzel des Wortes ist, den wahren Charakter oder Identität hinzu. "~답다" kann mit allen Substantiven kombiniert werden und erhöhen die Würde, Kompetenz oder Qualifikation der Wurzel des Wortes.

- 사내답다/남자답다: männlich, mannhaft
- 정치인답다: politikerartig, eines Politikers würdig
- 나라답다: eines Landes entsprechend
- 군인답다: soldatenartig, eines Soldaten würdig
- 학생답다: studentisch, eines Studenten würdig
- 어른답다: seniorenhaft, würdig eines Senioren
- 신사답다: Gentleman-artig, Gentleman-würdig
- 숙녀답다: damenhaft, damenwürdig
- 여자답다: weiblich
- 아이답다: kindlich
- 대학답다: einer Universität würdig

• 그는 정치인답게 나라의 발전을 위해 열심히 일한다.
Er arbeitet fleißig eines Politikers würdig für das Wachstum des Landes.

* "~게" ist eine Wortendung, die ein Adjektiv in ein Adverb ändert. ☞Abschnitt 17, Abgeleitetes Adverb(파생부사)

• 나라다운 나라에서 살고 싶다.
Ich möchte in einem Land leben, das eines Landes würdig ist.

• 그는 진정한 군인답게 매우 용감하다.
Er ist sehr mutig als wahrer würdiger Soldat.

• 나는 신사답게 행동하는 사람을 좋아한다.
Ich mag Leute, die sich wie Gentleman verhalten.

• 남자는 남자답고, 여자는 여자다워야(← 여자답다) 한다.
Mann soll männlich sein, Frau soll weiblich sein.

* "~고" ist eine verbindende Wortendung, die die Aneinanderreihung in der folgenden Klausel bewirkt. Und "~어야" von "여자다워야" ist auch eine verbindende Wortendung, die die Bedingung andeutet.(☞Abschnitt 20)

• 그녀는 숙녀답게 행동한다.
Sie ist damenhaft in ihren Handlungen.

• 요즘 아이들은 아이답지 않다.
In diesen Tagen sind die Kinder nicht kindlich.

• 그 지방에는 대학다운(← 대학답다) 대학이 없다.
In jener Region gibt es keine Universität, die einer Universität würdig ist.

* "아름답다(schön/hübsch)" ist nicht das abgeleitete Adjektiv sondern das Originaladjektiv.

③ Abstraktes Substantiv + "~하다": 여-불규칙형용사

Viele abstrakte Substantive, die hauptsächlich chinesischer Herkunft sind, werden mit "~하다" kombiniert, um als Adjektive verwendet zu werden.

• 정직(正直)하다: ehrlich
• 순수(純粹)하다: rein
• 건강(健康)하다: gesund
• 용감(勇敢)하다: mutig, tapfer

• 행복(幸福)하다: glücklich, gesegnet • 복잡(複雜)하다: komplex, kompliziert

• 정직하게 말하면 용서해 주겠다.
Wenn du ehrlich sprichst, werde ich dir vergeben.

• 아이들은 감수성이 순수하다.
Die Kinder sind rein in Sensibilität.

• 건강한 사람은 행복하다.
Die gesunden Menschen sind glücklich.

• 그는 무언가/뭔가 복잡한 사정을 가지고 있는 것 같다.
Er scheint etwas komplizierte Umstände zu haben.

"Die folgenden "~하다"-Adjektive sind keine abgeleiteten Adjektive, sondern Originaladjektive, deren "~하다" nicht die Suffixe sondern die adjektivischen Wortendungen sind. Die Wortstämme dieser Adjektive sind rein koreanisch oder einzelne Silben chinesischer Herkunft.

• 시원하다: frisch, kühl, erfrischend
• 씩씩하다: tapfer, mutig, brav, herzhaft
• 깨끗하다: rein, sauber, keusch, unschuldig
• 착하다: gut, nett, gutmütig, gutherzig
• 훌륭하다: wunderschön, ausgezeichnet, ehrenwert, respektabel
• 까마득하다: sehr weit weg, in großer Entfernung
• 답답하다: erstickend, stickig, ängstlich, bedrückend, eng
• 조용하다: leise, still, friedlich, ruhig
• 강(强)하다: stark, kraftvoll, hart, intensiv
• 약(弱)하다: schwach, leicht, schwächlich
• 족(足)하다: genug, ausreichend
• 박(薄)하다: illiberal, geizig, streng, knapp

• 목욕하고 나면 시원해질 거야.
Du wirst dich nach einem Bad erfrischt fühlen.

* "~ㄹ 거야." ist ein umgangssprachlicher Ausdruck von "~ㄹ 것이다", das die Vermutung für die Zukunft impliziert.

• 한국군은 항상 씩씩하게 싸운다.
Die Koreanische Soldaten kämpfen immer tapfer.

• 영수는 착한 아이다.
Yeongsu ist ein gutes Kind.

• 그는 훌륭한 직업에 만족하고 있다.
Er ist zufrieden mit einem respektablen Beruf.

• 그곳까지는 아직 까마득하다.
Es ist noch sehr weit bis zu jenem Ort.

• 내 방은 작아서 항상 답답하게 느낀다.
Weil mein Zimmer klein ist, fühle ich mich immer bedrückend.

• 여자는 약하다. 그러나 어머니는 강하다.
Die Frau ist schwach. Aber die Mutter ist stark.

• 약한 자를 괴롭히지 마라.
Schikaniere nicht die Schwachen!

• 한 달에 100만원이면 족합니다.
Eine Million Won ist genug für einen Monat, Sir.

• 신입사원들에게 너무 박하게 대하지 마라.
Seid neuen Mitarbeitern gegenüber nicht so streng!

④ Substantiv + "~롭다": ㅂ-불규칙형용사

Das Suffix von "~롭다" leitet den Substantiv zu Adjektiv ab, indem die Bedeutung von "so würdig" oder "so verdienend" hinzufügt wird. "~롭다" wird nur mit dem Substantiv kombiniert, das keinen Schlusskonsonaten an der letzten Silbe hat.

- 자유롭다: frei, liberal
- 평화롭다: friedlich
- 슬기롭다: vernünftig, weise
- 지혜롭다: weise, einsichtig, verständig
- 향기롭다: aromatisch, duftig, wohlriechend
- 호화롭다/호화스럽다: prächtig, luxuriös, opulent
- 해롭다: nachteilig, schädlich
- 여유롭다: genug, ausreichend, hinreichend, bequem

• 라일락꽃은 향기롭다.
Die Fliederblüte ist wohlriechend.

• 나는 자유로운 인생을 살고 싶다.
Ich möchte ein freies Leben führen.

• 농장에 소들이 평화롭게 풀을 뜯고 있다.
Die Kühe grasen friedlich auf dem Hof.

• 그 사람은 부자이기 때문에 여유롭게 살고 있다.
Er lebt bequem, weil er reich ist.

Die folgenden "~롭다"-Adjektive sind keine abgeleitete Adjektive wie oben sondern Originaladjektive, deren "~롭다" nicht die Suffixe sondern die adjektivischen Wortendungen sind.

- 새롭다: neu, erneut, neuartig
- 이롭다: nützlich, vorteilhaft, gewinnbringend
- 애처롭다: mitleiderregend, jämmerlich, traurig
- 괴롭다: schmerzhaft, schwierig, peinlich
- 한가롭다/한가하다: frei, müßig, untätig

• 너의 아이디어는 매우 새롭다.
Deine Idee ist ganz neu.

• 서점에서 청소년들에게 이로운 책을 한 권 샀다.
Ich habe in der Buchhandlung ein Buch gekauft, das vorteilhaft für die Jugend ist.

• 비에 젖은 고양이가 애처롭게 울고 있었다.
Die vom Regen durchnässte Katze weinte traurig.

• 목이 아파서 숨쉬기가 너무 괴롭습니다.
Es ist sehr schwierig zu atmen, weil der Hals mir weh tut, Sir.

• 내일은 한가롭기 때문에 공원에서 산책할 예정이에요.
Ich werde morgen im Park spazieren, weil ich frei habe, Hr. ~.

ABSCHNITT 17

Adverb

| 부사 |

Das Adverbialwort(AW: 부사어) als Element für die Satzstruktur setzt sich aus 체언 und 부사격조사(~에, ~에게, ~부터 usw.) zusammen. In diesem Abschnitt lernen wir die reinen Adverbien, die keine Postposition benötigen! 부사 als eine Wortart wird in zwei Teile unterteilt, 성분부사(Adveb als Element des Satzes) und 문장부사(Adverb für den ganzen Satz).

1 Adverb als Element des Satzes(성분부사)

성분부사 modifiziert die nachfolgenden 동사, 형용사, andere 부사 oder Prä-Nomen(관형사).

(1) Adverb für Zeit und Tag.

- 일찍: früh
- 방금: gerade jetzt
- 오래: lange, lange Zeit
- 바로, 즉시: sofort
- 영영, 영원히: für immer, auf ewig
- 가끔, 이따금: von Zeit zu Zeit
- 오늘: heute
- 모레: übermorgen
- 그저께: vorgestern
- 잠시, 잠깐: einen moment, eine kleine Weile
- 자주, 번번이, 종종: oft, manchmal, ab und zu
- 비로서, 마침내, 드디어: endlich, schließlich
- 이미, 벌써: schon
- 늘, 항상: immer
- 곧: bald
- 먼저: zuerst
- 나중에: später
- 아직: noch
- 내일: morgen
- 어제: gestern
- 가까이: fast
- 지금: jetzt

- 그는 일찍 출발했다.
  Er reiste früh ab.
- 저는 방금 일어났습니다.
  Gerade bin ich aufgewacht, Sir.
- 즉시 집으로 돌아가거라.
  Gehe sofort nach Hause zurück!
- 그는 영영 떠나버렸어요.
  Er ist auf ewig verlassen, Hr. ~.
- 먼저 주무십시오.
  Gehen Sie zuerst ins Bett, Sir.
- 저는 아내와 가끔 산책을 합니다.
  Von Zeit zu Zeit gehe ich mit meiner Frau spazieren, Sir.
- 나는 그의 질문에 바로/즉시 대답을 할 수 없었다.
  Ich konnte seine Frage nicht sofort beantworten.

• 영수는 마침내 시험에 합격했다.
Yeongsu hat die Prüfung endlich bestanden.

• 영희는 아직 미성년자입니다.
Yeonghi ist noch minderjährig, Sir.

• 우리는 30년 가까이 이곳에서 살았다.
Wir leben hier seit fast 30 Jahren.

• 저는 어제 한국에 도착했습니다.
Ich bin gestern in Korea angekommen, Sir.

(2) Adverb bezüglich Ort

• 멀리: weit weg
• 가까이: nah, in der Nähe
• 샅샅이: überall, in jeder Ecke
• 곳곳이: hier und da, allerorten

• 나는 집에서 멀리 걸었다.
Ich ging zu Fuß weit weg von zu Hause.

• 그는 내 집에서 가까이 살고 있다.
Er wohnt in der Nähe meines Hauses.

• 공원은 곳곳이 꽃으로 가득하다.
Der Park ist überall voller Blumen.

• 그 아이는 정원을 샅샅이 뒤져서 동전을 찾았다.
Das Kind durchsuchte den Garten in jeder Ecke und fand eine Münze.

(3) Adverb zum Vergleichen

• 매우, 아주, 대단히: sehr, äußerst
• 조금, 약간, 좀: etwas, ein wenig/bißchen
• 거의: fast, beinahe
• 극히, 심히: extrem, außerordentlich
• 너무: zu, allzu, zu sehr
• 가장, 제일: am meisten
• 훨씬: bei weitem, viel mehr
• 참, 정말, 진짜: wirklich

• 영희는 노래를 매우/아주/대단히 잘한다.
Yeonghi singt sehr gut.

• 시장은 집에서 너무 멀어요.

Der Markt ist zu weit von zu Hause entfernt, Fr. ~.

• 희자가 우리 동네에서 제일/가장 아름다운 여학생이다.
Hija ist die schönste Studentin in unserem Dorf.

• 이 산이 저 산보다 약간/조금/좀 더 높다.
Dieser Berg ist etwas höher als jener Berg.

• 악어는 사람에게 대단히/극히 위험한 동물이다.
Krokodile sind extrem gefährliche Tiere für Menschen.

• 빵은 이제 거의 다 팔렸다.
Das Brot ist jetzt fast ausverkauft.

• 비행기는 배보다 훨씬 빠르다.
Das Flugzeug ist viel schneller als das Schiff.

• 이 아이는 정말/참 똑똑하다.
Dieses Kind ist wirklich klug.

(4) Adverb, die “zusammen” bedeuten.

• 함께, 같이: zusammen
• 서로: einander, gegenseitig
• 모두, 다, 전부: alle, alle/alles zusammen, insgesammt

• 우리 함께/같이 갑시다.
Lassen Sie uns zusammen gehen!

• 나는 지민이와 함께/같이 차를 마셨다.
Ich habe mit Jimin (zusammen) Tee getrunken.

• 그들은 서로 존경한다.
Sie respektieren einander.

• 모두 함께/같이 먹읍시다.
Lassen Sie uns alle zusammen essen.

• 모두 다 합쳐서(← 합치다) 얼마예요?
Wie viel kostet es insgesamt, Fr. ~?

• 우리는 그 계획에 모두/다 반대한다.
Wir sind alle gegen den Plan.

• 그들은 전부/모두/다 열 명이다.
Sie sind insgesamt zehn.

(5) Adverb, die "wie man etwas tut" ausdrücken.

- 빨리: schnell
- 높이: hoch
- 잘: gut
- 조용히: leise, ruhig
- 대충, 대강: grob, flüchtig
- 반드시, 꼭, 분명히: auf jeden Fall, sicherlich
- 깊이: tief
- 천천히: langsam
- 가만히: ruhig, heimlich
- 촘촘히: eng, dicht
- 쉽게: leicht

• 이리 빨리 오세요.
Kommen Sie schnell her.

• 숨을 깊이 쉬어라.
Atme tief ein!

• 높이 나는(← 날다) 새가 멀리 본다.
Der hochfliegende Vogel schaut weit weg.

• 여기는 좁으니까(← 좁다) 촘촘히 앉으세요.
Bitte sitzen Sie eng zusammen, da es hier schmal ist.

• 그는 꼭/반드시/분명히 올 거예요.
Er wird sicherlich kommen, Hr. ~.

• 꼭/반드시 저 차를 사고 싶습니다.
Ich möchte das Auto auf jeden Fall kaufen, Sir.

• 그는 조용히 책을 읽었다.
Er las das Buch leise.

• 그는 일을 너무 대충 끝낸다.
Er beendet die Arbeit zu grob.

(6) Adverb zur Nachahmung von Schall oder Gebärde

Im Koreanischen gibt es so viele Adverbien dieser Art. Hier sind einige davon.

- 붕붕: summend von Fliegenden oder brummend von laufendem Motor
- 멍멍, 컹컹: bellend von Hund

- 흔들흔들: schwankend, erschütternd
- 뭉게뭉게: aufsteigend die Wolken nacheinander oder der Rauch in großer Überfülle
- 살살: sanft, leicht, leise
- 출렁출렁: wogend die großen Wellen
- 찰랑찰랑: rollend und plätschernd die kleinen Wellen
- 졸졸: Geräusch von fließendem Wasser schwach in kleine Menge
- 콸콸: Geräusch von fließendem Wasser heftig in große Menge
- 꼬꼬댁: gackernd von Huhn
- 엉금엉금: krabbelnd oder kriechend wie Schildkröte
- 꼬불꼬불: kurvenreich oder zickzack im kleinen
- 꾸불꾸불: kurvenreich oder zickzack im großen
- 개굴개굴: quakend von Frosch

- 꽃밭에서 벌들이 붕붕 날아다닌다.
  Im Blumengarten fliegen Bienen mit Summen herum.
- 우리 개가 낯선 사람들에게 컹컹 짖었다.
  Unser Hund bellt Fremde an.
- 지진 때문에 건물이 흔들흔들 움직였다.
  Das Gebäude wurde durch das Erdbeben erschüttert.
- 서쪽하늘에 구름이 뭉게뭉게 피어올랐다.
  Am westlichen Himmel stiegen die Wolken nacheinander auf.
- 나는 그의 어깨를 살살 마사지 해 주었다.
  Ich massierte sanft seine Schultern.
- 바다에는 파도가 출렁출렁 치고 있다.
  Die Wellen wogen heftig im Meer.
- 비가 와서 계곡에 물이 콸콸 흐르고 있다.
  Das Wasser fließt heftig in der Schlucht, weil es regnete.
- 거북이가 엉금엉금 기어 바다로 간다.
  Die Schildkröte kriecht zum Meer.
- 산에 올라가는 길이 꾸불꾸불 보인다.
  Der Weg zum Berg sieht kurvenreich aus.
- 개구리들이 논에서 개굴개굴 울고 있다.
  Die Frösche quaken im Reisfeld.

(7) Demonstratives Adverb

- 여기, 이리: hier
- 거기, 그리: dort
- 저기, 저리: dort

- 그 사람은 여기 없어요.
  Er ist nicht hier, Sir.
- 그리 가세요.
  Bitte geh dorthin!
- 이리 와.
  Komm her!
- 저리 가.
  Geh weg!

(8) Andere

- 단, 다만, 단지, 오직: nur, lediglich
- 겨우: kaum, knapp
- 별로: nicht besonders, nicht so sehr
- 약, 대강: ungefähr
- 특히, 특별히: besonders, speziell

- 내 지갑에 단지/단/오직/다만 천 원만 있다.
  Ich habe nur tausend Won in meinem Geldbeutel.
- 그는 다만/오직/단지 걷기만 했다.
  Er ging lediglich zu Fuß.
- 그는 겨우 시험에 합격했다.
  Er hatte den Test knapp bestanden.
- 그는 특히/특별히 돼지고기를 좋아한다고 말했다.
  Er sagte, er mag besonders Schweinefleisch.
- 이 옷은 특별히 정국이를 위해 샀다.
  Diese Kleidung wurde speziell für Jeongkuk gekauft.
- 그는 달리기를 별로 좋아하지 않는다고 했다.
  Er sagte, er mag es nicht so sehr zu laufen.
- 이 돈은 약/대강 백만 원이다.
  Dieses Geld ist ungefähr eine Million Won wert.

2 Adverb für den ganzen Satz(문장부사)

문장부사 wird normalerweise vor den Satz gestellt und modifiziert den ganzen Satz.

(1) Adverb zur abschließenden Andeutung

- 과연: wirklich/tatsächlich ~ wie erwartet
- 물론: natürlich, zweifellos
- 정말로, 참말로, 실로: wirklich, wahrlich, tatsächlich, in der Tat
- 모름지기: auf jeden Fall, unter allen Umständen, Es ist richtig, ~ sollen/müssen ~.

- 과연 그녀는 아름답구나!
  Sie ist wirklich wunderschön, wie erwartet!
- 실로 30년 만에 그를 다시 만났다.
  In der Tat traf ich ihn nach 30 Jahren wieder.
- 모름지기 남자는 용감해야 한다.
  Es ist richtig, dass der Mann tapfer sein muß.
- 물론 대한민국은 민주주의 국가입니다.
  Natürlich ist Korea ein demokratisches Land.
- 정말로/참말로 독일은 아름다운 나라이다.
  In der Tat ist Deutschland ein wunderschönes Land.

(2) Adverb zur Andeutung einer negativen Meinung

- 설마: kaum, wohl nicht
- 아마: vielleicht, wahrscheinlich
- 만일: wenn, falls
- 비록, 아무리: auch wenn, obwohl

- 설마 오늘 비는 안 오겠지(← 오다).
  Ich glaube, dass es heute kaum regnet.

  * "(용언, 서술격조사)~겠지!" ist eine Modifikation der Wortendung in der Umgangssprache, die das starke Voraussehen ausdrückt.
  * Der höfliche Ausdruck("~겠지요.") wird oft als "~겠죠." gesagt.
    - 할머니, 설마 오늘 비는 안 오겠지요./오겠죠.
      Ich glaube, dass es heute kaum regnet, Oma.

ABSCHNITT 17

- 철수는 방에서 공부하고 있겠지요./있겠죠(←있다).
  Ich glaube, dass Cheolsu am Studieren im Zimmer ist, Hr. ~.

• 아마 그는 여기 오지 않을 것입니다.
Vielleicht kommt er nicht hierher, Sir.

• 만일 내일 비가 오면 경기를 연기하겠습니다.
Ich werde das Spiel verschieben, wenn es morgen regnet, Sir.

• 비록/아무리 열심히 일해도 돈을 벌지 못합니다.
Obwohl ich hart arbeite, kann ich kein Geld verdienen, Sir.

(3) Adverb über Wunsch oder Bitte

• 제발: bitte, um Gotteswillen
• 아무쪼록: so viel wie möglich, in jeder Beziehung/Weise
• 부디: auf jeden Fall, undedingt, bitte

• 제발 도와주십시오.
Bitte, helfen Sie mir, Madam!

• 아무쪼록 건강하시기를 바랍니다.
Ich wünsche mir, dass Sie so gesund wie möglich sind, Madam.

• 부디 그렇게 해 주십시오.
Bitte, machen Sie das auf jeden Fall so, Sir!

(4) Konjunktivadverb(접속부사) "Satz zu Satz"

• 그리고, 또, 또한: und, dann
• 그래서, 그러므로, 따라서: also, deshalb
• 그러면: wenn ja, dann
• 더구나: außerdem, zusätzlich
• 왜냐하면: denn, da, weil, Der grund dafür ist
• 도리어, 오히려: im Gegenteil, stattdessen
• 그러나, 그렇지마는, 하지만: aber, jedoch, trotzdem
• 즉: nähmlich, das heißt, mit anderen Worten

• 영수는 착하다. 그리고/또/또한 열심히 공부한다.
Yeongsu ist gutherzig. Und er lernt hart.

• 영수는 미남이다. 그래서/그러므로/따라서 나는 그를 좋아한다.

Yeongsu sieht gut aus. Also ich mag ihn.

- 그러면 나는 무엇을 합니까?
  Was mache ich dann, Herr?
- 이 옷은 싸다. 그러나/그렇지마는/하지만 질기다.
  Dieses Kleid ist billig. Aber langlebig.
- 어제는 추웠다. 더구나 눈도 왔다.
  Gestern war es kalt. Außerdem schneite es auch.
- 그 약을 먹고 나서 오히려/도리어 병이 나빠졌다.
  Nach Einnahme des Arzneimittels verschlimmerte sich die Krankheit im Gegenteil.
- 오늘은 6월 6일, 즉 현충일이다.
  Heute ist der 6. Juni, das heißt, der Heldengedenktag.
- 그는 성공했다. 왜냐하면 그는 열심히 노력했기 때문이다.
  Er war erfolgreich. Der Grund dafür ist, dass er sich sehr bemüht hat.

(5) Konjunktivadverb(접속부사) "Wort zu Wort"

- 그리고, 또, 또한, 및: und
- 혹은, 내지, 또는: oder

- 대한민국의 영토는 한반도 및 부속도서로 한다.
  Das Territorium der Republik Korea ist die koreanische Halbinsel und ihre angegliederten Inseln.
- 하루 혹은/내지/또는 이틀만 기다려 주세요!
  Bitte, warten Sie ein oder zwei Tage!

3 Abgeleitetes Adverb(파생부사)

(1) 게-파생부사

Meistens können Adjektive mit Hilfe der Wortendung von "~게" in ein Adverb geändert werden.

- 이렇다(wie dies sein, so sein) → 이렇게(auf diese Weie, wie dies, so)
- 그렇다(so sein, richtig sein, wie jene sein, derartig sein)
  → 그렇게(so, auf jene Weise, derart)
- 저렇다(solch sein, derartig sein) → 저렇게(so, derart, solchermaßen)
- 아름답다(schön sein) → 아름답게(schön)
- 높다(hoch sein) → 높게(hoch)
- 나쁘다(schlecht sein) → 나쁘게 (schlecht)
- 빠르다(schnell sein) → 빠르게(schnell)
- 좋다(gut sein) → 좋게(gut)
- 강하다(stark sein) → 강하게(stark)
- 시원하다(kühl sein) → 시원하게(kühl)
- 바보스럽다(dumm sein) → 바보스럽게(dumm)

- 한글은 이렇게 씁니다.
  Das koreanische Alphabet wird so geschrieben.
- 철수는 그렇게 게으른 아이가 아닙니다.
  Cheolsu ist kein so fauler Junge.
- 바람이 강하게 분다.
  Der Wind weht stark.
- 그는 바보스럽게 행동한다.
  Er benimmt sich dumm.

(2) 이-파생부사

Die Wortendung von "~이" wird verwendet, um das Adjektiv oder das Substantiv in ein Adverb zu verwandeln.

- 높다(hoch sein) → 높이(hoch)/높게
- 깊다(tief sein) → 깊이(tief)/깊게
- 깨끗하다(sauber sein) → 깨끗이(sauber)/깨끗하게
- 반듯하다(gerade/aufrichtig sein) → 반듯이(gerade, aufrecht)/반듯하게

• 없다(es gibt nicht, nicht haben) → 없이(ohne)
• 나날이: von Tag zu Tag
• 집집이: Haus um Haus, jedes Haus
• 산산이: in Stücke
• 느긋하다(behaglich/ungezwungen/entspannt sein)
→ 느긋이(behaglich, ungezwungen, entspannt)/느긋하게

• 나는 전등을 천장에 높이/높게 매달았다.
Ich habe die Lampe hoch an die Decke gehängt.

• 나는 방을 깨끗이/깨끗하게 청소했다.
Ich habe das Zimmer sauber gemacht.

• 나는 집에서 일주일동안 느긋이/느긋하게 쉬었다.
Ich ruhte mich eine Woche lang entspannt zu Hause aus.

• 국민정신을 반듯이/반듯하게 세우자.
Bauen wir den Geist der Nation gerade auf!

• 그는 돈 없이 여행한다.
Er reist ohne Geld.

• 그는 집집이 방문하였다.
Er besuchte Haus um Haus.

• 유리창이 산산이 부서졌다.
Das Fenster wurde in Stücken zerbrochen.

• 날씨는 나날이 더워졌다.
Das Wetter wurde von Tag zu Tag wärmer.

• 그들은 땅을 깊이/깊게 팠다.
Sie gruben tief in den Boden.

(3) 히-파생부사

Die Wortendung von "~히" wird verwendet, um das Adjektiv in ein Adverb zu verwandeln.

• 조용하다 → 조용히/조용하게(leise, ruhig)
• 가만하다 → 가만히(still, im geheimen, stillschweigend, leise)
• 천천하다 → 천천히(langsam)
• 촘촘하다 → 촘촘히/촘촘하게(dicht, engmaschig)
• 친절하다 → 친절히/친절하게(freundlicherweise)

- 저 젊은 부부는 조용히/조용하게 얘기하고 있다.
  Das junge Paar redet leise.
- 도둑이 가만히 문을 열었다.
  Der Dieb öffnete die Tür im geheimen.
- 천천히 걷자.
  Laß uns langsam gehen!
- 그는 밭에 포도나무를 촘촘히/촘촘하게 심었다.
  Er pflanzte die Weinreben auf dem Feld dicht.
- 그는 나를 응접실로 친절히/친절하게 안내하였다.
  Er führte mich freundlicherweise in den Salon.

ABSCHNITT 18

Passiv

| 수동태/피동태 |

Der passivische Satz(수동문 oder 피동문), verwendet das unvollständige intransitive Verb(불완전자동사) mit den Infixen(이, 히, 리, 기) in Wortendung(어미) des Verbs, das abgeleitete Verb von "(동사)~아지다/~어지다" oder das verbale Suffix von "~되다".

Das im passivischen Satz verwendete Verb heißt 수동사 oder 피동사(Passivisches Verb),und dessen Antonym ist 능동사(Aktives Verb), das in 능동문(Aktiver Satz) verwendet wird, und das Antonym des Passiv(수동태 oder 피동태) ist das Aktiv(능동태).

Wir haben die Satzformeln bereits in Abschnitt 4 gelernt. 수동문 ist der Satz der Formel 3(S + AW + P), der beim Umtausch des Subjekts und des Objekts einander aus der Formel 4(S + O + P) transformiert wird. Dies bedeutet, dass sich das transitive Verb(타동사) der Formel 4 in 불완전자동사 der Formel 3 ändert.

예 아이는 공을 찬다. → 공은 아이에 의해 차인다.

Ein Kind tritt den Ball. → Der Ball wird von einem Kind getreten.

Die adverbialen Postpositionen des Adverbialwort(AW: 부사어) in Formel 3 sind "~에", "~에게", "~에 의해" und "~한테".

* "~에게" und "~한테" werden verwendet, wenn das unflektierbare Wort(체언) des AW das Lebewesen mit Herz(Mensch oder Tier) ist. "~한테" wird oft in der Umgangssprache verwendet.
* "~에" wird verwendet, wenn 체언 des AW die Kreatur ohne Herz oder das leblose Wesen ist.
* "~에 의해" wird in Schriftsprache für alle(Lebewesen oder leblose Wesen) verwendet.

1 수동사 mit den Infixen(이, 히, 리, 기)

"이", "히", "리" oder "기", das eine erste Silbe als 선어말어미(Vorhergehende Wortendung) von 수동사 ist, kann wie folgt charakterisiert werden, aber wir sollen bedenken, dass die folgenden Charakterisierungen immer Ausnahmen haben.

(1) 이-수동사 leitet sich von 타동사 ab, das einen Vokal ohne Schlusskonsonant, "ㄱ/ㄲ" oder "ㅎ" als Schlusskonsonant von 어간 hat.

- 놓이다(gesetzt/gelegt werden) ← 놓다(setzen, legen)
- 보이다(gesehen werden) ← 보다(sehen)
- 묶이다(gebunden werden) ← 묶다(binden)
- 섞이다(gemischt werden) ← 섞다(mischen)
- 쌓이다(gehäuft/gestapelt werden) ← 쌓다(häufen, stapeln)
- 쓰이다(verwendet/geschrieben werden) ← 쓰다(verwenden, schreiben)
- 파이다(gegraben werden) ← 파다(graben)
- 차이다(getreten werden) ← 차다(treten)

- 군인들에 의해 참호가 파였(← 이었)다.
  Der Schützengraben wurde von Soldaten gegraben.
- 순희의 머리카락은 엄마에 의해 묶였(← 이었)다.
  Sunhis Haare wurden von der Mutter gebunden.

• 방에 침대가 놓였(← 이었)다.
Das Bett wurde ins Zimmer gelegt.

• 하늘에 비행기가 보인다.
Ein Flugzeug wird im Himmel gesehen.

• 창고에 많은 상자가 쌓여(← 이어) 있다.
Viele Kisten sind im Lagerhaus gestapelt.

• 휘발유는 자동차에 쓰인다.
Benzin wird in Kraftfahrzeugen verwendet.

(2) 히-수동사 leitet sich von 타동사 ab, das "ㄱ/ㄺ", "ㄷ", "ㅂ/ㄼ" oder "ㅈ/ㄵ" als Schlusskonsonant von 어간 hat.

- 닫히다(geschlossen werden) ← 닫다(schließen)
- 먹히다(gegessen werden) ← 먹다(essen)
- 박히다(eingetrieben/eingeschlagen werden) ← 박다(eintreiben, einschlagen)
- 묻히다(begraben werden) ← 묻다(begraben)
- 씹히다(gekaut werden) ← 씹다(kauen)
- 밟히다(getreten werden) ← 밟다(treten)
- 읽히다(gelesen werden) ← 읽다(lesen)
- 얹히다(aufgesetzt/aufgelegt werden) ← 얹다(aufsetzen, auflegen)
- 잡히다(gefangen/ergriffen werden) ← 잡다(fangen, ergreifen)

• 문이 바람에 닫혔(← 히었)다.
Die Tür wurde vom Wind geschlossen.

• 생선은 개에게/개한테 먹혔(← 히었)다.
Der Fisch wurde von Hunden gefressen.

• 못이 벽에 박혔(← 히었)다.
Ein Nagel wurde in die Wand geschlagen.

• 잔디밭이 사람들에 의해 밟힌다.
Der Rasen wird von Menschen betreten.

• 어젯밤 도둑이 경찰에게 잡혔(← 히었)다.
Letzte Nacht wurde ein Dieb von der Polizei gefangen.

(3) 리-수동사 leitet sich von 타동사 ab, das ㄹ-불규칙동사 oder ㄷ-불규칙동사 ist, oder das "ㄹ/ㅀ" als Schlulsskonsonant von 어간 hat.

- 뚫리다(durchgebohrt werden) ← 뚫다(durchbohren)
- 들리다(gehört werden) ← 듣다(hören)
- 실리다(geladen werden) ← 싣다(laden)
- 물리다(gebissen werden) ← 물다(beißen)
- 밀리다(geschoben werden) ← 밀다(schieben)
- 잘리다(geschnitten werden) ← 자르다(schneiden)
- 걸리다(aufgehängt werden) ← 걸다(aufhängen)
- 눌리다(gedrückt werden) ← 누르다(drücken)
- 풀리다(gelöst werden) ← 풀다(lösen)
- 들리다(gehalten/erhöht werden) ← 들다(halten, erhöhen)
- 깔리다(verbreitet/gelegt werden) ← 깔다(verbreiten, legen)

- 빵이 납작하게 눌렸(← 리었)다.
  Das Brot wurde flach gedrückt.
- 이웃집에서 노랫소리가 들린다.
  Ein Lied wird aus dem Haus meines Nachbarn gehört.
- 쌀 포대가 부두 노무자들에 의해 배에 실렸(← 리었)다.
  Reissäcke wurden von Hafenarbeitern an Bord geladen.
- 영수는 개에게 물렸(← 리었)다.
  Yeongsu wurde von einem Hund gebissen.
- 방바닥에 양탄자가 깔려(← 이어) 있다.
  Der Boden des Raumes ist mit Teppichboden ausgelegt.

(4) 기-수동사 leitet sich von 타동사 ab, das "ㄴ/ㄶ", "ㄷ", "ㅁ", "ㅅ", "ㅈ" oder "ㅊ" als Schlusskonsonant von 어간 hat.

- 감기다(gewunden/gewickelt werden) ← 감다(winden, wickeln)
- 안기다(umarmt werden) ← 안다(umarmen)
- 찢기다(gerissen werden) ← 찢다(reißen)
- 씻기다(gewaschen werden) ← 씻다(waschen)
- 뜯기다(gezupft/herausgerissen werden) ← 뜯다(zupfen, herausreißen)
- 쫓기다(verfolgt werden) ← 쫓다(verfolgen)
- 끊기다(geschnitten/abgetrennt/gestoppt/ausgeschaltet werden) ← 끊다(schneiden, abtrennen, stoppen, ausschalten)
- 담기다(gefüllt werden) ← 담다(füllen)

• 실이 실패에 감긴다.
Der Faden wird auf eine Spule gewickelt.

• 철사 줄이 반으로 끊겼(← 기었)다.
Der Draht wurde in zwei Hälften geschnitten.

• 아기가 엄마 품에 안겼(← 기었)다.
Das Baby wurde in Mutters Armen umarmt.

• 신문이 찢겨(← 기어) 있다.
Die Zeitung ist gerissen.

• 차가 빗물에 씻겨(← 기어)서 깨끗하다.
Das Auto ist sauber, weil es von Regenwasser gewaschen wurde.

• 강도들이 지금 경찰에게 쫓기고 있다.
Die Räuber werden jetzt von der Polizei verfolgt.

2 수동사 mit Wortendung von "~아지다/~어지다"

Die Wortendung von "~아지다/~어지다" ändert 타동사 zu 수동사, einschließlich 타동사, das nicht in 수동사 durch Einfügung mit den Infixen(이, 히, 리, 기) in 어미 geändert werden kann.

• 만들어지다(gemacht/hergestellt werden) ← 만들다(machen, herstellen)
• 끊어지다(geschnitten werden) ← 끊다(schneiden)
• 찢어지다(gerissen werden) ← 찢다(reißen)
• 뜯어지다(gezupft, herausgerissen werden) ← 뜯다(zupfen, herausreißen)
• 담아지다(gefüllt werden) ← 담다(füllen)
• 먹혀지다(먹히다 + ~어지다: gegessen werden) ← 먹다(essen)
• 지어지다(gebaut/gekocht werden) ← 짓다(bauen, kochen)
• 읽혀지다(읽히다 + ~어지다: gelesen werden) ← 읽다(lesen)

• 자동차는 기술자들에 의해 만들어진다.
Das Auto wird von Technikern hergestellt.

• 녹슨 철조망은 쉽게 끊어진다.
Der verrostete Stacheldraht wird leicht durchtrennt.

- 쌀 포대가 쥐들에 의해 뜯어졌다.
  Der Reissack wurde von Ratten zerrissen.
- 이 통은 계란 서른 개가 담아져 있다.
  Dieser Behälter ist mit dreißig Eiern gefüllt.
- 내 집은 목수들에 의해 지어지고 있다.
  Mein Haus wird von Zimmerleuten gebaut.
- 이 소설책은 젊은이들에게 많이 읽혀진다.
  Dieser Roman wird viel von jungen Leuten gelesen.

"~아지다/~어지다" wird auch verwendet, um das Adjektiv in das vollständige intransitive Verb(완전자동사) zu wandeln.

- 아름답다(schön) → 아름다워지다(schön werden)
- 멀다(weit weg) → 멀어지다(weggehen)
- 부지런하다(fleißig) → 부지런해지다(fleißig werden)

3 수동사 mit dem Suffix von "~되다"

Das verbales Suffix "~되다" ändert das transitve Verb, das "~하다"-Suffix hat, ins passivische Verb.

- 발견되다(herausgefunden werden, entdeckt werden)
  ← 발견하다(herausfinden, entdecken)
- 설치되다(installiert/eingerichtet werden) ← 설치하다(installieren, einrichten)
- 사용되다(verwendet werden) ← 사용하다(verwenden)
- 평가되다(bewertet/geschätzt werden) ← 평가하다(bewerten, schätzen)
- 걱정되다(besorgt werden) ← 걱정하다(besorgen)
- 거듭되다(wiederholt werden) ← 거듭하다(wiederholen)
- 발명되다(erfunden werden) ← 발명하다(erfinden)
- 분실되다(verloren werden) ← 분실하다(verlieren)
- 수출되다(exportiert werden) ← 수출하다(exportieren)
- 수입되다(importiert werden) ← 수입하다(importieren)

- 분실된 지갑이 현관에서 발견되었다.
  Die verlorene Geldbörse wurde in der Eingangshalle entdeckt.
- 기술자에 의해 사무실에 에어컨이 설치되었다.
  Im Büro wurde von einem Techniker eine Klimaanlage installiert.
- 그는 거듭된 실패 후에 마침내 성공하였다.
  Nach wiederholten Fehlern gelang es ihm schließlich.
- 전기는 에디슨에 의해 발명되었다.
  Der Strom wurde von Edison erfunden.
- 세종대왕의 한글문자 창제는 위대한 업적으로 평가되고 있다.
  König Sejongs Schaffung des Hangeul Alphabetes wird als große Leistung geschätz.
- 많은 자동차가 이 무역회사에 의해 수출된다.
  Viele Autos werden von dieser Handelsfirma exportiert.
- 할머니의 건강이 항상 걱정됩니다.
  Die Gesundheit meiner Großmutter ist immer besorgniserregend, Sir.

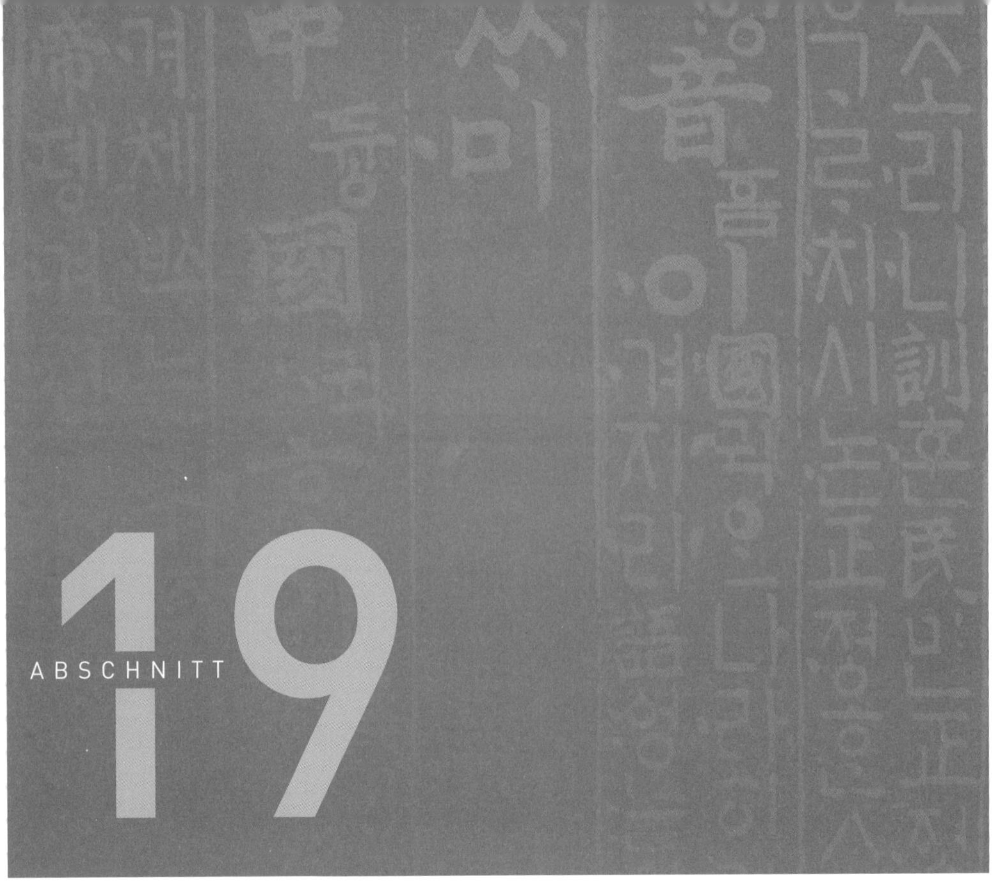

ABSCHNITT 19

Kausativer Satz

| 사동문 |

Der kausative Satz besteht aus Formel 3(S + AW + P), Formel 4(S + O + P) oder Formel 5(S + AW + O + P) der Satzstruktur. Das kausative Verb(사동사) in 사동문 hat das gleiche Attribut wie das transitive Verb(타동사).

Der kausative Satz von Formel 3(S + AW + P) oder Formel 4(S + O + P) wird als der abgeleitete kausative Satz bezeichnet, der das abgeleitete kausative Verb verwendet, unter Anwendung der Infixe[이, 히, 리, 기, (이)우, 구, 추] als eine vorhergehende Wortendung des deklinierbaren Wortes(용언: 동사, 형용사) oder unter Anwendung der Wortendung, die "(체언) ~시키다" ist. Das kausative Verb von "(체언)~시키다" in Formel 3 oder Formel 4 kann in "(체언)~을/~를 시키다" für Formel 5 umgewandelt werden. Alle deklinierbaren Wörter können unter Anwendung des Hilfsverbs(보조동사), das "(용언)~게/~도록 하다." ist, in 사동문 verwendet werden.

Der kausative Satz der Formel 5(S + AW + O + P) wird als der gewöhnliche kausative Satz bezeichnet, der mit dem deutschen Satz verglichen werden kann, der das kausative Verb verwendet wie "lassen, machen, zwingen, usw.". Es ist jedoch zu beachten, dass die kausativen Verben im abgeleiteten kausativen Satz unregelmäßig und restriktiv abgeleitet werden.

Die adverbialen Postpositionen von AW(부사어) in Formel 3 und Formel 5 sind "~에", "~에게", "~로 하여금" und "~한테".

* "~에게" und "~한테" werden verwendet, wenn das unflektierbare Wort(체언) von AW das Lebewesen(Mensch oder Tier mit Herz) ist. "~한테" wird oft in der Umgangssprache verwendet.
* "~에" wird verwendet, wenn 체언 von AW die Kreaturen ohne Herz oder die leblosen Wesen ist.
* "~로 하여금" wird in der Schriftsprache für alle(Lebewesen oder leblose Wesen) verwendet.

1 사동사 mit den Infixen[이, 히, 리, 기, (이)우, 구, 추]

"이", "히", "리", "기", "(이)우", "구" und "추", die die erste Silbe als 선어말어미(Vorhergehende Wortendung) in 어미 von 용언 sind, werden wie folgt verwendet.

(1) 이-사동사

- 끓이다(kochen, sieden) ← 끓다(kochen, sieden)
- 녹이다(schmelzen, verschmelzen, abtauen) ← 녹다(schmelzen, tauen)
- 속이다(betrügen, täuschen) ← 속다(betrogen/getäuscht werden)
- 죽이다(töten) ← 죽다(sterben)
- 줄이다(reduzieren, verringern) ← 줄다(reduziert/geringer werden)
- 누이다(Notdurft verrichten, urinieren lassen) ← 누다(ausleeren, urinieren)
- 먹이다(essen lassen, füttern) ← 먹다(essen)
- 높이다(erhöhen, heben) ← 높다(hoch)

- 나는 주전자로 물을 끓였다./끓게 하였다.
  Ich kochte das Wasser mit einem Wasserkocher.
- 따뜻한 햇볕이 얼음을 녹인다./녹게 한다.
  Warmer Sonnenschein schmilzt Eis.
- 그는 친구를 속였다./속게 하였다.
  Er hat den Freund getäuscht.
- 나는 파리채로 파리를 죽였다./죽게 하였다.
  Ich habe eine Fliege mit einer Fliegenklappe getötet
- 종석이는 염소에게 풀을 먹였다./먹게 하였다.
  Jongseok fütterte die Ziege mit Gras.
- 그는 조국의 명예를 높였다./높게 하였다.
  Er hielt die Ehre seines Vaterlandes hoch.

(2) 히-사동사

- 눕히다(legen, hinlegen) ← 눕다(sich hinliegen)
- 맞히다(treffen, schlagen) ← 맞다(getroffen/geschlagen werden)
- 앉히다(setzen) ← 않다(sich setzen)
- 익히다(kochen, reif machen) ← 익다(gekocht werden, reifen)
- 입히다(anziehen/ankleiden jemanden) ← 입다(anziehen, ankleiden)
- 읽히다(lesen lassen) ← 읽다(lesen)
- 식히다(abkühlen, kalt werden lassen) ← 식다(kalt werden)
- 잡히다(verpfänden lassen) ← 잡다(verpfänden)
- 좁히다(enger machen, verengen) ← 좁다(eng, schmal)
- 넓히다(verbreiten, erweitern, vergrößern) ← 넓다(breit, weit, geräumig)
- 밝히다(beleuchten, hell machen) ← 밝다(hell, klar, licht)

- 간호사는 환자를 침대에 눕혔다./눕게 하였다.
  Die Krankenschwester legte den Patienten ins Bett.
- 그는 총으로 과녁을 맞혔다./맞게 하였다.
  Er traf das Ziel mit einer Waffe.
- 엄마는 망고를 상자 속에서 익힌다./익게 한다.
  Mama reift Mango in der Schachtel.
- 나는 돈을 빌리기 위해 은행에 집을 잡혔다./잡게 하였다.

Ich ließ die Bank mein Haus verpfänden, um Geld zu leihen.

- 나는 지금 아들에게 책을 읽혔다./읽게 하였다.
  Ich ließ meinen Sohn ein Buch lesen.

- 시장은 시청의 입구를 넓혔다./넓게 하였다.
  Der Bürgermeister hat den Eingang des Rathauses erweitert.

(3) 리-사동사

- 날리다 (fliegen, fliegen lassen) ← 날다(fliegen)
- 돌리다(kreisen/rotieren lassen, drehen) ← 돌다(sich drehen, kreisen, rotieren, umlaufen)
- 살리다(retten, ins Leben bringen, wiederaufleben lassen) ← 살다(leben)
- 알리다(mitteilen, benachrichtigen, bekanntmachen, informieren) ← 알다(wissen, kennen)
- 울리다(weinen lassen, bringen ~ zum Weinen) ← 울다(weinen)
- 들리다(heben/nehmen/haben in der Hand lassen) ← 들다(halten/nehmen/haben in der Hand)
- 얼리다(gefrieren lassen) ← 얼다(frieren)
- 걸리다(zu Fuß gehen lassen) ← 걷다(zu Fuß gehen)

- 영수는 지금 바닷가에서 연을 날리고 있다./날게 하고 있다.
  Yeongsu fliegt einen Drachen am Strand.

- 현복이는 팽이를 돌립니다./돌게 하고 있습니다.
  Hyeonbok dreht einen Kreisel, Sir.

- 신은 죽은 사람을 살릴 수 있다./살게 할 수 있다.
  Gott kann die Toten wieder zum Leben erwecken.

- 자웅이는 시험합격을 부모님에게 알렸다./알게 하였다.
  Jaung informierte die Eltern über den Erfolg des Tests.

- 너는 왜 아이를 울리느냐?/울게 하느냐?
  Warum bringst du das Kind zum Weinen?

- 나는 아기의 손에 장난감을 들렸다./들게 하였다.
  Ich ließ das Baby ein Spielzeug in der Hand halten.

- 냉장고를 이용해서 물을 얼렸다./얼게 하였다.
  Ich ließ Wasser im Kühlschrank in Eis gefrieren.

- 아기를 걸리지 마라./걷게 하지마라.
  Lass das Baby nicht laufen!

(4) 기-사동사

- 남기다(übrig lassen, hinterlassen, vererben, Gewinn machen)
  ← 남다(übrig bleiben, bleiben, gewinnbringen)
- 숨기다(verstecken, verbergen, außer Sichtweite bringen, geheim halten)
  ← 숨다(sich verstecken/verbergen, Zuflucht nehmen)
- 웃기다(zum Lachen bringen) ← 웃다(lachen)
- 옮기다(anstecken, infizieren) ← 옮다(sich anstecken, ansteckt/infiziert werden)
- 안기다(umarmen lassen, in den Armen halten lassen)
  ← 안다(in den Armen halten, umarmen)
- 뜯기다(weiden/grasen lassen) ← 뜯다(weiden, grasen)
- 벗기다(ausziehen, entkleiden, entblößen)
  ← 벗다(abnehmen, sich ausziehen/auskleiden)
- 맡기다(anvertrauen, in Verwahrung geben)
  ← 맡다(in Verwahrung nehmen, übernehmen)
- 신기다(jm. an die Füße anziehen) ← 신다(an die Füße anziehen)

- 음식을 남기지 마라.
  Lass kein Essen übrig!
- 나는 돈을 양말 속에 숨겼(←기었)다.
  Ich habe Geld in der Socke versteckt.
- 그의 농담은 많은 사람들을 웃겼다.
  Seine Witze brachten viele Menschen zum Lachen.
- 그는 나에게 감기를 옮겼다.
  Er hat mich mit seiner Erkältung angesteckt.
- 나는 강아지를 영순이에게 안겼다.
  Ich ließ Yeongsun das Hündchen in ihren Armen halten.
- 나는 소들에게 풀밭에서 풀을 뜯겼다.
  Ich ließ Kühe auf der Weide grasen.
- 엄마는 아이한테서 젖은 옷을 벗겼다.
  Die Mutter zog dem Kind seine nassen Kleider aus.
- 나는 강아지를 이웃집에 맡겼다.
  Ich vertraute meinem Nachbarn mein Hündchen an.

• 간호사는 환자에게 신발을 신겼다.
Die Krankenschwester zog dem Patienten die Schuhe an.

(5) (이)우-사동사

- 깨우다(wecken, aufwecken, aus dem Schlaf erwecken)
  ← 깨다(aufwachen, wach werden)
- 비우다(leeren, ausleeren, räumen) ← 비다(leer/vakant/frei/unbesetzt werden)
- 새우다(die ganze Nacht aufbleiben/wach bleiben) ← (밤, 날) 새다(es tagt, es dämmert)
- 피우다(blühen lassen, entbrennen lassen)
  ← (꽃, 불) 피다(aufplatzen, blühen, brennen, sich entzünden)
- 찌우다(mästen, dick/fett lassen) ← (살) 찌다(fett/dick werden, sich mästen)
- 지우다(tragan lassen, belasten, auferlegen) ← 지다(tragan, übernehmen)
- 세우다(stehen lassen, aufstellen, aufrichten, zum Stillstand bringen, bauen)
  ← 서다(stehen, aufstehen, gebaut werden)
- 재우다(einschlafen lassen, einschäfern) ← 자다(schlafen)
- 채우다(füllen, voll machen) ← 차다(gefüllt/voll werden)
- 태우다(verbrennen, ins Feuer legen, an Bord führen, einsteigen lassen)
  ← 타다(brennen, lodern, reiten, einsteigen, an Bord gehen)
- 돋우다(heben, erhöhen, höher machen) ← 돋다(aufgehen, emporsteigen)

• 내일 새벽에 너를 깨우겠다.
Ich werde dich morgen früh wecken.

• 쓰레기통을 비워라.
Leere den Mülleimer!

• 나는 친구 아버지의 장례식장에서 밤을 새웠다.
Ich blieb bei der Beerdigung des Vaters meines Freundes die ganze Nacht auf.

• 따뜻한 날씨는 일찍 꽃을 피운다.
Das warme Klima läßt die Blumen früh blühen.

• 그는 살을 찌우기 위해 많이 먹는다.
Er isst viel, um sich zu mästen.

• 나는 그에게 짐을 조금 지웠다.
Ich habe ihn ein wenig belastet.

• 누가 쓰레기를 태웠느냐?
Wer hat den Müll verbrannt?

• 나는 쌀로 단지를 채웠다.
Ich füllte den Topf mit Reis.

• 나는 집을 짓기 위해 땅을 돋우었다.
Ich hob den Boden, um ein Haus zu bauen.

(6) 구-사동사

• 달구다(erhitzen, heiß machen) ← 달다(heiß werden)

• 대장장이는 쇠를 숯불로 달구었다.
Der Schmied hat das Eisen über dem Holzkohlefeuer erhitzt.

(7) 추-사동사

• 낮추다(herablassen, senken, herabsetzen) ← 낮다(niedrig sein)
• 늦추다(verschieben) ← 늦다(spät/verspätet sein)
• 맞추다(zusammensetzen, einpassen, korrigieren, stellen)
← 맞다(richtig/korrekt sein, stimmen, passen)
• 들추다(durchwühlen, offenlegen, enthüllen, verraten)
← 들다(halten, in die Hand nehmen, erwähnen, angeben)

• 그는 많이 팔기 위하여/위해 가격을 낮추었다.
Er senkte den Preis, um viel zu verkaufen.
* "위하여/위해" leitet sich von "위하다(tun das Gute für)" ab. "위하여" steht für Schriftsprache und das "위해" für Umgangssprache.

• 우리는 회의를 세 시간 늦추었다.
Wir haben das Treffen um drei Stunden verschoben.

• 나는 자명종을 정각 여섯 시에 맞추었다.
Ich stelle den Wecker auf sechs Uhr.

• 그는 나의 비밀을 사람들에게 들추었다.
Er verriet den Menschen mein Geheimnis.

(8) Abnormal kausatives Verb

- 없애다(wegnehmen, abschaffen, beseitigen)
  ← 없다(nicht vorhanden sein, nicht bestehen/existieren, es gibt kein)
- 적시다(benetzen, naß machen, befeuchten) ← 젖다(naß/feucht werden)
- 일으키다(sich aufrichten, verursachen, grüden, erheben, erhöhen)
  ← 일다(aufgehen, aufsteigen, sich erheben/erhöhen)
- 돌이키다(nachdenken, zurückschauen, zurückerhalten)
  ← 돌다(sich umdrehen, umkreisen, umlaufen)
- 떨어뜨리다(fallen lassen, tröpfeln, niederwerfen, senken)
  ← 떨어지다(fallen, tropfen, sinken)
- 굴리다(ins Rollen bringen, rollen) ← 구르다(sich rollen)

- 그는 집에서 위험한 물건을 전부 없앴다.
  Er beseitigte alle gefährlichen Dinge zu Hause.
- 그는 걸레를 물에 적셨(← 시었)다.
  Er hat den Lappen mit Wasser nass gemacht.
- 유능한 대통령은 나라의 경제를 일으킨다.
  Ein fähiger Präsident erhöht die Wirtschaftsleistung des Landes.
- 불쾌한 추억은 돌이키지 마라.
  Schau nicht auf unangenehme Erinnerungen zurück!
- 나는 실수로 책을 땅에 떨어뜨렸(← 리었)다.
  Ich habe versehentlich ein Buch auf den Boden fallen lassen.

2 사동사 mit 접미사(Suffix) von "(명사)~시키다" meistens abgeleitet von "~하다"-Verb

- 일시키다(arbeiten/dienen lassen) ← 일하다(arbeiten, dienen)
- 공부시키다(lernen lassen) ← 공부하다(lernen)
- 정지시키다(anhalten, einstellen, zum Stillstand bringen, Schluss machen)
  ← 정지하다(anhalten, stillstehen, zum Stillstand kommen)
- 식사시키다(essen lassen, zum Essen bringen) ← 식사하다(essen)

• 장애인들에게 일시키지 마세요.
Lassen Sie die Behinderten nicht arbeiten.

• 자녀들에게 공부시키는 것은 부모의 의무다.
Es ist die Pflicht der Eltern, ihre Kinder studieren zu lassen.

• 경찰은 빨간 차를 정지시켰다.
Die Polizei hielt das rote Auto an.

• 나는 아이들을 식사시키기 위해 식당으로 데리고 갔다.
Ich brachte die Kinder zum Essen ins Restaurant mit.

3 사동문 mit dem transitiven Verb von "~을/~를 시키다" von allen "~하다"-Verben

• 일을 시키다 ← 일하다
• 공부를 시키다 ← 공부하다
• 식사를 시키다 ← 식사하다
• 등산을 시키다(Berg besteigen lassen) ← 등산하다(Berg besteigen)
• 여행을 시키다(reisen lassen) ← 여행하다(eine Reise machen, reisen)

• 장애인들에게 일을 시키지 마세요.

• 자녀들에게 공부를 시키는 것은 부모의 의무다.

• 아이들에게 식사를 시키기 위해 반찬을 샀다.

• 건강을 위해 아이들에게 자주 등산을 시킵니다.
Aus gesundheitlichen Gründen lasse ich meine Kinder oft den Berg besteigen, Sir.

• 인생경험을 위해 아이들에게 일 년에 한 번씩 해외여행을 시킨다.
Für Lebenserfahrung lasse ich meine Kinder einmal im Jahr ins Ausland reisen.

4 사동문 mit dem Hilfsverb(보조동사) von "(용언)~게/~도록 하다."

- 놀게/놀도록 하다(spielen lassen) ← 놀다(spielen)
- 가게/가도록 하다(gehen lassen) ← 가다(gehen)
- 먹게/먹도록 하다(essen lassen) ← 먹다(essen)
- 사게/사도록 하다(kaufen lasses) ← 사다(kaufen)
- 공부하게/공부하도록 하다(lernen lassen) ← 공부하다(lernen)
- 밝게/밝도록 하다(hell machen) ← 밝다(hell)
- 편리하게/편리하도록 하다(bequem machen) ← 편리하다(bequem)
- 타게/타도록 하다(reiten/steigen lassen) ← 타다(reiten, steigen)
- 웃게/웃도록 하다(zum Lachen bringen) ← 웃다(lachen)
- 마시게/마시도록 하다(trinken lassen, tränken) ← 마시다(trinken)
- 어렵게/어렵도록 하다(schwierig/schwer machen) ← 어렵다(schwierig, schwer)
- 있게/있도록 하다(sein/existieren/bleiben lassen) ←있다(sein, existieren, bleiben)

- 나는 아이들을 정원에서 놀게/놀도록 했다.
  Ich ließ die Kinder im Garten spielen.
- 나는 아들을 일찍 학교에 가게 했다.
  Ich ließ meinen Sohn früh zur Schule gehen.
- 엄마는 딸에게 약을 먹게 했다.
  Die Mutter ließ ihre Tochter Medikamente einnehmen
- 선생님은 영수에게 수학을 더 열심히 공부하게 했다.
  Der Lehrer ließ Yeongsu fleißiger Mathematik lernen.
- 어머니는 제가 먹고 싶은 과일을 사게 했습니다.
  Meine Mutter ließ mich die Früchte kaufen, die ich essen wollte, Sir.
- 그는 할머니의 방을 더 밝게 했다.
  Er machte das Zimmer der Großmutter heller.
- 발명가는 인간의 삶을 편리하게 합니다.
  Die Erfinder machen das menschliche Leben bequem, Sir.
- 그는 나를 자기의 차에 타게 했다.
  Er ließ mich in sein Auto steigen.
- 능력 없는 사장은 회사를 어렵게 한다.

Ein unfähiger Chef bringt das Unternehmen in Schwierigkeiten.

- 그의 농담은 많은 사람들을 웃게 했다.

  Seine Witze brachten viele Menschen zum Lachen.

- 나는 가축에게 물을 마시게 했다.

  Ich ließ das Vieh Wasser trinken.

- 나는 강아지를 방에만 있게 했다.

  Ich habe den Welfen nur im Zimmer sein gelassen.

ABSCHNITT 20

Flexion der Wortendung des deklinierbaren Wortes

| 용언의 어미변화 |

Die Koreanische Sprache hat viele Arten der Flexion der Wortendung, die für das deklinierbare Wort, einschließlich Predikätive PP(서술격조사) im Satz angewandt werden, um viele Funktionen zu haben, die Modus, Tempus, Höflichkeit, Demütigkeit, Konjugation und Konjunktion für Sätze bereitstellen. Dies bedeutet, dass die Flexion der Wortendung der komplizierteste und wichtigste Teil im Koreanischen ist.

Die Wortendungen des deklinierbaren Wortes werden in die abschließende Wortendung(종결어미), die für die fünf Arten des Satzes(☞Abschnitt 9) als Prädikat etwa 20% beträgt, und die verbindende Wortendung(연결어미), die etwa 80% beträgt und in diesem Abschnitt gelernt wird, unterteilt.

Für den flüssigen Ausdruck und das gute Verständnis auf Koreanisch ist es sehr wichtig, die Anwendung von 연결어미 gut zu kennen, die zur Bildung des Satzgefüges[복문: Hauptsatz(주절) + Nebensatz(종속절)] und der Satzreihe(중문: Satz + Satz) angewandt wird.

1 Struktur der Wortendung

Die Wortendung des deklinierbaren Wortes besteht aus der vorhergehenden Wortendung(선어말어미) und der endgültigen Wortendung(어말어미). 선어말어미 wird für Ausdruck von Höflichkeit, Tempus und so weiter verwendet, daher hat die Infinitivform von 용언 im Wörterbuch kein 선어말어미. Um 종결어미 oder 연결어미 zu sein, hängt es von der Art von 어말어미 ab, die der letzte Teil der Wortendung ist.

Beispiele von Wortendungen

① 쓰다: schreiben

선생님께서 칠판에 "조용히!"라고 쓰셨(← 시었)습니다.

Der Lehrer schrieb "Ruhig!" auf die Wandtafel, Herr.

- 쓰: Wortstamm(어간)
- 시: 선어말어미 für die Höflichkeit gegenüber der 3. Person(Lehrer)
- 었: 선어말어미 für die Vergangenheitsform
- 습니: 선어말어미 für die Höflichkeit gegenüber der Person, die hört.
- 다: 어말어미(종결어미) als abschließende Wortendung

② 먹다: essen

저는 나중에 혼자 먹겠습니다.

Ich will später alleine essen, Sir.

- 먹: 어간
- 겠: 선어말어미 für das Futur und den Willen der Person, die spricht.
- 습니: 선어말어미 für die Höflichkeit gegenüber der Person, die hört.
- 다: 어말어미(종결어미) als abschließende Wortendung

③ 공부하다(여-불규칙동사): lernen, studieren

너는 어제 정말 열심히 공부했(← 하였)구나!

Du hast gestern wirklich fleißig gelernt!

- 공부하: 어간
- 였: 여-불규칙 선어말어미 für die 과거시제
- 구나: 어말어미(종결어미) für den Ausruf ohne Höflichkeit gegenüber der 2. Person(Du), die hört.

④ 배우다: learn

저는 피아노를 배우니까 재미있어요.

Ich freue mich, dass(weil) ich Klavier lerne, Herr.

- 배우: 어간
- 니까: 어말어미, die “weil” als verbindende Wortendung(연결어미) bedeutet.

2 Liste der wesentlichen 연결어미

Anwendung	연결어미
Aneinanderreihung(나열)	(1) ~고, ~(으)며
Gleichzeitigkeit(동시성)	(2) ~(으)면서, ~자, ~자마자
Aufeinanderfolge(순서)	(3) ~고, ~(아)서/(어)서
Änderung von Umstand oder Handlung (상황 또는 행위의 전환)	(4) ~다가, ~다
Gegenteil(대립), Kontrast(대조)	(5) ~(으)나, ~지만, ~는데/(으)ㄴ데, ~(아)도/(어)도
Grund(이유), Ursache(원인)	(6) ~(아)서/(어)서, ~(으)니, ~(으)니까, ~(으)므로, ~느라고
Bedingung(조건)	(7) ~(으)면, ~(으)려면, ~(아)야/(어)야
Zweck(목적), Absicht(의도)	(8) ~(으)러, ~(으)려고, ~도록, ~게
Konzession(양보)	(9) ~(아)도/(어)도, ~(으)ㄹ지라도, ~더라도
Auswahl(선택)	(10) ~거나, ~든지, ~던가
Methode(방법), Mittel(수단)	(11) ~(아)서/(어)서, ~고
Hintergrund(배경)	(12) ~는데/(으)ㄴ데, ~(으)니

3 Unterscheidungsmerkmale und Beispielsätze zu jedem 연결어미

(1) Aneinanderreihung[~고, ~(으)며]

① Beide verbinden die Klauseln gleichwertig ohne andere Bedeutung, sodass die Elemente jeder Klausel keine Beziehung haben.

② Das Subjekt jeder Klausel kann unterschiedlich sein.

③ Beide passen gut zu 동사, 형용사 und 서술격조사[~(이)다], die die Prädikate der Klausel sind.

④ Beide passen gut zu 부정문.

⑤ In der Vergangenheitsform hat “~고” kein Problem, obwohl 선어말어미(~았/었~) nicht verwendet wird, aber “~(으)며” soll 선어말어미(~았/었~) verwenden.

⑥ 선어말어미(~겠~), die die Bedeutung von Wille oder Vermutung zusammen enthält, kann für das Futur verwendet werden, aber meistens ist es natürlicher, “~겠~” nicht zu verwenden.

⑦ “~고” passt zu allen fünf Arten des Satzes, aber “~(으)며” passt nicht zu 청유문 und 명령문.

⑧ “~고” ist umgangssprachlich und “~(으)며” ist schriftsprachlich.

- 비가 오고/오며 바람이 분다.
  Es regnet und der Wind weht.
- 어제는 비가 오고/왔고/왔으며 바람이 불었다.
  Gestern hat es geregnet und der Wind hat geblasen.
- 내일은 비가 오고/오겠고/오며/오겠으며 바람이 불겠습니다.
  Morgen wird es regnen und der Wind wird wehen, Sir.
- 영수는 키가 크고/크며 미남이다.
  Yeoungsu ist groß und gutaussehend.
- 영수는 키가 크고/크며 갑제는 키가 작다.
  Yeongsu ist groß und Gapje ist klein.
- 승기는 공부도 못하고/못하며 운동도 못한다.
  “Seunggi kann weder gut lernen noch Sport treiben.

• 바나나도 먹고 망고도 먹어라.
Iss Bananen und auch Mangonen!

• 사과도 먹고 배도 먹읍시다.
Lassen Sie uns Äpfel und auch Birnen essen!

• 나는 한국 사람이며/사람이고 아내는 독일 여자입니다.
Ich bin Koreaner und meine Frau ist Deutsche, Sir.

• 강은 맑으며/맑고 하늘은 푸르다.
Der Fluss ist klar und der Himmel ist blau.

• 우리는 춤을 추고/추었고/추었으며 노래도 불렀다.
Wir haben getanzt und auch gesungen.

• 규봉이는 사과를 먹고/먹었고/먹었으며 영수는 파인애플을 먹었습니다.
Gyubong hat Apfel gegessen und Yeongsu hat Ananas gegessen, Sir.

• 규봉이는 사과를 사고/사겠고/사며/사겠으며/살 것이며 영수는 파인애플을 사겠습니다./살 것입니다.
Gyubong wird Äpfel kaufen und Yeongsu wird Ananas kaufen, Sir.

• 나는 내년에 차도 사고/사겠고/사며/사겠으며 집도 사겠다.
Ich werde nächstes Jahr ein Auto kaufen und auch ein Haus kaufen.

• 그는 공부도 안 하며/하고 일도 안 한다.
Er studiert nicht und arbeitet auch nicht.

(2) Gleichzeitigkeit von Ereignissen[~(으)면서, ~자, ~자마자]

1) Gemeinsamkeiten

① Jede verbindet die Klauseln mit der Andeutung von Gleichzeitigkeit. Falls erforderlich, um die Gleichzeitigkeit besonders hervorzuheben, kann das Adverb "동시에(gleichzeitig)" hinter diesen 연결어미 eingefügt werden.

② 선어말어미(~았/었~, ~겠~) für Zeitformen kann nicht verwendet werden.

③ Jede passt nicht zu 부정문 aufgrund der Bedeutung von Gleichzeitigkeit.

2) ~(으)면서

① Wenn das Subjekt Mensch oder Tier ist, muß das Subjekt jeder Klausel dasselbe sein, aber wenn das Subjekt nicht Mench oder Tier ist, kann das Subjekt jeder Klausel unterschiedlich sein.

② Es passt gut zu Verben.

③ In Kombination mit Adjektiv oder Prädikativ PP[~(이)다] wird zusätzlich die Andeutung der Aneinanderreihung hinzugefügt.

④ Es passt gut zu allen fünf Arten des Satzes.

- 우리는 등산을 하면서 이야기를 했다.
  Wir haben uns beim Bergsteigen unterhalten.
- 나는 피아노를 치면서 (동시에) 노래를 불렀다.
  Ich habe beim Klavierspielen (gleichzeitig) gesungen.
- 나는 피아노를 치면서 (동시에) 노래를 부르겠다. / 부를 것이다.
  Ich werde (gleichzeitig) singen, während ich Klavier spiele.
- 열이 나면서 (동시에) 머리도 아파요.
  Ich habe Fieber und Kopfschmerzen (gleichzeitig), Mama.
- 어제는 비가 오면서 바람도 세차게 불었다.
  Es hat gestern geregnet und es war auch sehr windig.
- 이것은 싸면서 품질도 좋다.
  Während es billig ist, ist die Qualität gut.
- 그는 학생이면서 영화배우이다.
  Er ist Student und Schauspieler.
- 커피 마시면서 쉬어라.
  Ruhe dich beim Kaffeetrinken aus!
- 피아노를 치면서 노래하자.
  Lass uns beim Klavierspielen singen!
- 맥주 마시면서 영화 볼까요?
  Sehen wir einen Film beim Biertrinken, Hr. ~?
- 그 학생은 공부도 못하면서 운동도 못한다.
  Jener Student kann weder gut lernen noch Sport treiben.

3) ~자, ~자마자:

① Wenn “~자” zum Verb verwendet wird, soll jede Klausel ein anderes Subjekt haben, aber im Fall von “~자마자” gibt es keine solche Einschränkung.

② “~자” passt gut zu 동사 und 서술격조사[~(이)다], aber nicht zum Adjektiv. Und wenn es mit “~(이)다” kombiniert wird, fügt es zusätzlich die Andeutung der Aneinanderreihung hinzu.

③ “~자마자” passt nur zu Verb und passt gut zu allen fünf Arten des Satzes, aber “~자” passt nicht zu 명령문, 청유문 und 의문문.

- 집을 나서자/나서자마자 비가 오기 시작했다.
  Kaum war ich von zu Hause weggegangen, begann es zu regnen.
- 까마귀 날자 배 떨어진다.
  Gleich nachdem eine Krähe vom Baum weggeflogen ist, fällt eine Birne.
- 그녀는 나를 만나자마자 울기 시작했다.
  Als sie mich sah, fing sie an zu weinen.
- 이 책은 출판되자마자 많이 팔릴 것이다. / 팔리겠다.
  Dieses Buch wird in großer Stückzahl verkauft, sobald es veröffentlicht wird.
- 그는 의사이자/의사이면서/의사이고 가수다.
  Er ist Arzt und Sänger.
- 어이구, 너는 영화가 시작하자마자 (동시에) 자는구나!
  Oh mein Gott, du schläfst gleich nach dem Start des Films ein!
- 한국에 가자마자 한국어 배우기를 시작하자.
  Beginnen wir mit dem Koreanischlernen, sobald wir nach Korea gehen!
- 한국에 가자마자 한국어 배우기를 시작하시겠습니까?
  Würden Sie beginnen mit dem Koreanischlernen, sobald Sie nach Korea gehen, Sir?

(3) Aufeinanderfolge des Auftretens[~고, ~(아)서/(어)서]

① Beide verbinden die Klauseln entsprechend der Aufeinanderfolge des Auftretens.

② Aufgrund der Andeutung der Aufeinanderfolge soll das Subjekt jeder Klausel dasselbe sein. Wenn die Subjekte unterschiedlich sind, sind diese 연결어미 nicht für die Andeutung der Aufeinanderfolge des Auftretens.

③ 선어말어미 für die Zeitform(~았/었~, ~겠~) kann nicht für diese 연결어미 verwendet werden.

④ Beide passen nur zu Verben wegen der Andeutung der Aufeinanderfolge. Wenn diese 연결어미 zu Adjektiv oder 서술격조사[~(이)다] kombiniert werden, gilt die Verwendung von diesen 연결어미 nicht für die Aufeinanderfolge des Vorkommens.

⑤ Beide passen gut zu allen fünf Arten des Satzes, aber nicht zu 부정문.

⑥ Wenn sich die Bedingung des ersten Satzes auf den folgenden Satz auswirkt, wird "~(아)서/(어)서" verwendet, andernfalls wird "~고" verwendet.

1) ~고

- 그는 옷을 벗고 침대에 누웠다.
  Er zog sich aus und legte sich auf das Bett.
- 나는 아침을 먹고 학교에 갔다.
  Nach dem Frühstück ging ich zur Schule.
- 나는 방을 청소하고 아침식사를 했다.
  Nachdem ich das Zimmer gereinigt hatte, frühstückte ich.
- 아침을 먹고 방을 청소 하겠습니다.
  Nachdem ich das Zimmer gereinigt habe, werde ich frühstücken, Sir.
- 방을 청소하고 학교에 가겠느냐?
  Wirst du nach der Reinigung des Zimmers zur Schule gehen?
- 방을 청소하고 학교에 가거라.
  Geh zur Schule nach der Zimmerreinigung!

• 방을 청소하고 아침을 먹자.
Lass uns nach der Reinigung des Zimmers frühstücken!

• 운전면허증을 지갑에 넣고 옷을 입었다.
Ich steckte meinen Führerschein in meine Brieftasche und zog mich dann an.

2) ~(아)서/~(어)서

• 옷을 벗어서 옷장에 넣었다.
Ich zog mich aus und stellte die Kleider in den Schrank.

• 아침에 일어나서 학교에 갔다.
Ich bin morgens aufgestanden und zur Schule gegangen.

• 학교에 가서 공부를 했다.
Ich bin zur Schule gegangen und habe studiert.

• 운전면허증을 지갑에 넣어서 주머니에 넣었다.
Ich habe meinen Führerschein in die Brieftasche gesteckt und diese in die Tasche gesteckt.

• 아침에 일어나서 학교에 가자.
Lass uns morgens aufstehen und zur Schule gehen!

• 옷을 벗어서 옷장에 넣을까?.
Soll ich mich ausziehen und die Kleidung in den Schrank stellen?

(4) Änderung von Umstand oder Handlung(~다가, ~다)

① Beide verbinden die Klauseln mit der Andeutung für die Änderung von Umstand oder Handlung.

② Beide passen nicht zum Futur. In der Vergangenheitsform kann "~았/었~" zu "~다가" kombiniert werden, zu "~다" jedoch nicht.

③ Wenn die Umstände oder Handlungen der vorhergehenden und folgenden Klauseln gleich sind, können die Subjekte der Klauseln unterschiedlich sein. Wenn jedoch die Umstände oder Handlungen der einzelnen Klauseln nicht gleich sind, sollen die Subjekte gleich sein.

④ Beide passen zu 동사, 형용사 und 서술격조사[~(이)다], die Prädikate sind.

⑤ Beide passen gut zu allen fünf Arten des Satzes, einschließlich 부정문.

⑥ Anstelle von “~다가” kann “~다” verwendet werden, meistens wird jedoch “~다가” verwendet.

- 그는 아침을 먹다가/먹다 전화를 받았다.
  Während er frühstückte, erhielt er einen Anruf.
- 그는 회사에 출근하다가/출근하다 집으로 돌아왔다.
  Gleich nachdem er in die Firma kam kehrte er nach Hause zurück.
- 그는 회사에 출근했다가 집으로 돌아오고 있다.
  Gleich nachdem er in die Firma gekommen war, kehrt er nach Hause zurück.
- 그는 회사에 출근했다가 집으로 돌아올 것이다.
  Er wird, nachdem er in der Firma angekommen ist, nach Hause zurückkehren.
- 오전에는 내가 소들을 돌보다가/돌보다 오후에는 형이 소들을 돌본다.
  Am Morgen kümmere ich mich um die Kühe, und am Nachmittag kümmert sich mein Bruder um sie.
- 집 바깥이 조용하다가/조용하다 갑자기 시끄럽다.
  Ausserhalb des Hauses war es ruhig, aber plötzlich ist es laut.
- 그는 선생이었다가 이제는 사업가이다.
  Er war Lehrer und ist jetzt Geschäftsmann.
- 이 길로 계속 가다가/가다 첫 번째 교차로에서 우회전하세요.
  Gehen Sie geradeaus auf dieser Straße und biegen Sie an der ersten Kreuzung rechts ab!
- 여기서 잠깐 쉬다가/쉬다 갑시다.
  Lassen Sie uns hier einen Moment ausruhen und dann gehen!
- 아파서 일을 안 하다가/하다 오늘 다시 시작했다.
  Ich habe nicht gearbeitet, weil ich krank war, also habe ich heute wieder angefangen.

(5) Gegenteil oder Kontrast[~(으)나, ~지만, ~는데/(으)ㄴ데, ~(아)도/(어)도]

① Jede verbindet die Klauseln mit der Andeutung von Gegenteil oder Kontrast, weil die Inhalte der vorhergehenden und der folgenden Klausel entgegengesetzt oder unterschiedlich sind.

② Das Subjekt von jeder Klausel kann unterschiedlich sein.

③ "~(으)나", "~지만" und "~는데/(으)ㄴ데" sollen 선어말어미 von "~았/었~" und "~겠~" für die Zeitform verwenden.

④ "~(아)도/(어)도" soll 선어말어미 von "~았/었~" für die Vergangenheitsform verwenden, aber nicht verwendet "~겠~" für das Futur.

⑤ Jede passt zu 동사, 형용사 und 서술격조사[~(이)다], die Prädikate sind.

⑥ Jede passt gut zu 부정문.

⑦ "~지만" und "~(아)도/(어)도" passen gut zu allen fünf Arten des Satzes, aber "~(으)나" und "~는데/(으)ㄴ데" passen nicht gut zu 명령문 und 청유문.

⑧ "~(으)나" ist schriftsprachlich, aber andere werden sowohl in der Schriftsprache als auch in der Umgangssprache verwendet.

- 영수는 키가 크나/크지만/큰데/커도 칠성이는 키가 작다.
  Yeongsu ist groß, aber Chilseong ist klein.

- 설탕은 물에 녹으나/녹지만/녹는데/녹아도 식용유는 녹지 않는다.
  Zucker löst sich in Wasser auf, aber Speiseöl löst sich nicht auf.

- 나는 그녀를 사랑했으나/사랑했지만/사랑했는데/사랑했어도 그녀는 나를 사랑하지 않았다.
  Ich habe sie geliebt, aber sie hat mich nicht geliebt.

- 서울은 눈이 왔으나/왔지만/왔는데/왔어도 제주도는 비가 왔다.
  In Seoul schneite es, aber in Jejudo regnete es.

- 나는 그를 만나겠으나/만나겠지만/만나겠는데 나는 그를 좋아하지 않는다.
  Ich werde ihn treffen, aber ich mag ihn nicht.

- 너는 마음씨는 착하나/착하지만/착한데/착해도 고집이 세다.
  Du bist nett, aber stur.

- 너는 성인이나/성인이지만/성인인데/성인이어도 미성년자보다 못하다.
  Du bist erwachsen, aber einem Minderjährigen unterlegen.

• 영수는 집에 갔지만/갔어도 우리는 여기서 더 놀자.
Obwohl Yeongsu nach Hause gegangen ist, laß uns hier mehr spielen!

• 영수는 집에 갔지만/갔어도 너는 집에 가지 마라.
Geh nicht nach Hause, obwohl Yeongsu nach Hause gegangen ist!

• 그는 영어는 못하나/못하지만/못하는데/못해도 일본어는 잘 한다.
Er spricht kein Englisch, kann aber gut Japanisch.

• 그는 담배는 안 피우나/피우지만/피우는데/피워도 커피는 꼭 마신다.
Obwohl er nicht raucht, trinkt er unbedingt Kaffee.

(6) Grund und Ursache[~(아)서/(어)서, ~(으)니, ~(으)니까, ~(으)므로, ~느라고]

① Jede Verbindet die Klauseln, wenn die vorhergehende Klausel Grund oder Ursache für die folgende Klausel enthält.

② "~(으)니", "~(으)니까" und "~(으)므로" können "선어말어미(~았/었~) für die Vergangenheitsform verwenden, und sollen "~겠~" für das Futur verwenden. Aber "~(아)서/(어)서" und "~느라고" verwenden nicht "~았/었~" und "~겠~" für die Zeitform.

③ Wenn "~(으)니", "~(아)서/(어)서", "~(으)니까" und "~(으)므로" verwendet werden, kann das Subjekt jeder Klausel unterschiedlich sein.

④ Wenn "~느라고" verwendet wird, soll das Subjekt jeder Klausel dasselbe sein, und Mensch oder Tier sein.

⑤ "~(아)서/(어)서", "~(으)니", "~(으)니까" und "~(으)므로" passen zu 동사, 형용사 und "~(이)다", die Prädikate des Satzes sind, aber "~느라고" passt nur zu Verb.

⑥ "~(으)니"und "~(으)니까" passen gut zu allen fünf Arten des Satzes aber "~(아)서/(어)서", "~(으)므로" und "~느라고" passen nicht zu 명령문 und 청유문.

⑦ "~(아)서/(어)서", "~(으)니", ~(으)니까" und "~(으)므로" passen zu 부정문, aber "~느라고" kann nicht mit negativer Klausel kombiniert werden.

⑧ Im Fall von "~느라고" widerspricht der Inhalt der folgenden Klausel dem Grund oder der Ursache der vorhergehenden Klausel.

• 방이 넓어서/넓으니/넓으니까/넓으므로 아이들이 좋아한다.
Die Kinder sind glücklich, weil das Zimmer geräumig ist.

• 영수는 발이 아파서/아프니/아프니까/아프므로 걸을 수 없다.
Yeongsu kann nicht gehen, weil sein Fuß wund ist.

• 학교가 너무 멀어서/머니/머니까/멀므로 아침 일찍 출발합니다.
Ich gehe früh, weil die Schule so weit weg ist, Sir.

• 택시를 타서/타니(탔으니)/타니까(탔으니까)/타므로(탔으므로) 늦지 않았다.
Ich war nicht zu spät, weil ich ein Taxi nahm.

• 어제는 발이 아파서 걸을 수 없었다.
Ich konnte gestern nicht zu Fuß gehen, weil die Füße schmerzen.

• 그는 열심히 공부해서/공부하니(공부했으니)/공부하니까(공부했으니까) /공부하므로 (공부했으므로) 대학교에 입학했다.
Er trat in die Universität ein, weil er hart studierte.

• 아이들을 잘 돌보겠으니/돌보겠으니까/돌보겠으므로 걱정하지 마세요.
Machen Sie sich keine Sorgen, weil ich mich gut um die Kinder kümmern werde!

• 식사를 하겠으니/하겠으니까/하겠으므로 상을 차려라.
Decke den Tisch, weil ich essen werde!

• 숙제를 하느라고 잠을 못 잤다.
Ich habe nicht geschlafen, weil ich Hausaufgaben gemacht habe.

• 어제는 친구들과 노느라고 숙제를 못했다.
Ich habe keine Hausaufgaben gemacht, weil ich gestern mit Freunden gespielt habe.

• 아들에게 대학교 등록금을 보내느라고 아버지는 소를 팔았다.
Der Vater verkaufte die Kuh, um dem Sohn die Studiengebühren zu schicken.

• 늦었으니/늦었으니까/늦었으므로 택시를 타자.
Es ist spät, also nehmen wir ein Taxi!

• 배가 고프니/고프니까/고프므로 식사를 합시다.
Lassen Sie uns essen, weil wir hungrig sind!

• 아버님이 아직 안 도착하셔서/도착하셨으니/도착하셨으니까/도착하셨으므로 조금 더 기다리자.
Warten wir etwas länger, denn der Vater ist noch nicht angekommen!

• 나는 수영을 못해서/못하니/못하니까/못하므로 바다에 안 가요.
Ich gehe nicht zum Meer, weil ich nicht schwimmen kann, Fr. ~.

"때문에", das ein Adverbialwort(부사어: 때문 + 에) ist und sehr oft als Konjunktiv verwendet wird, hat auch die Andeutung von Grund oder Ursache. (☞Abschnitt 14. 의존명사)

(1) **Vollständiges Substativ(자립명사):** "~ 때문에"

• 너 때문에 학교에 늦었다.
Ich war wegen dir zu spät zur Schule.

• 돈 때문에 은행에 갔다.
Wegen des Geldes ging ich zur Bank.

(2) **Gerundium(동명사) oder adjektivisches Substativ(형용명사):** "~ㅁ/~음/~움 때문에"

• 너의 아름다움(← 아름답다.) 때문에 너를 좋아한다.
Wegen deiner Schönheit mag ich dich.

• 아버지의 죽음(← 죽다.) 때문에 슬프다.
Ich bin traurig wegen des Todes meines Vaters.

(3) **Gerundium oder adjektivisches Substantiv:** "~기 때문에"
Es ist notwendig, 선어말어미(~았/었~) für die Vergangenheitsform zu verwenden.

• 택시를 타기(← 타다.) 때문에 늦지 않는다.
Ich werde nicht zu spät kommen, weil ich ein Taxi nehme.

• 택시를 탔기(← 탔다.) 때문에 안 늦었다.
Ich war nicht zu spät, weil ich ein Taxi nahm.

• 물을 마셨기(← 마셨다.)때문에 목이 마르지 않아요.
Ich habe keinen Durst, weil ich Wasser getrunken habe, Fr. ~.

• 너는 예쁘기(← 예쁘다.) 때문에 너를 좋아한다.
Ich mag dich, weil du hübsch bist.

(4) **(체언)~Prädikative PP[~(이)다.]: "~(이)기 때문에"**

• 그는 택시를 탈 예정이기(← 예정이다) 때문에 늦지 않을 것이다.
Er wird nicht zu spät kommen, weil er ein Taxi nehmen wird.

• 그는 회사의 사장이기(← 사장이다) 때문에 바쁘다.
Er ist beschäftigt, weil er Chef einer Firma ist.

• 저것은 목재기(← 목재다) 때문에 물에 뜬다.
Weil es Holz ist, schwimmt es auf dem Wasser.

(7) Bedingung[~(으)면, ~(으)려면, ~(아)야/(어)야]

① Jede verbindet die Klauseln, wenn der Inhalt der folgenden Klausel unter der Bedingung der vorhergehenden Klausel steht.
② "~(으)면" und "~(아)야/(어)야" passen zu 형용사, 동사 und 서술격조사[~(이)다], aber "~(으)려면" paßt nur zu 동사.
③ "~(으)면" und "~(아)야/(어)야" verwenden "~았/었~" für die Vergangenheitsform, aber "~(으)려면" kann nicht "~았/었~" verwenden.
④ "~(으)려면" und "~(아)야/(어)야" verwenden nicht "~겠~" für das Futur. Wenn "~(으)면" oder "~겠~" in 명령문(Imperativsatz) verwendet wird, drückt die Klausel nicht die Bedingung sondern den Konjunktiv aus.

- 모르겠으면 질문하세요.
  Wenn Sie nicht verstehen, stellen Sie mir Fragen!

- 못하겠으면 미리 말씀하세요.
  Wenn Sie nicht können, sagen Sie es mir im voraus!

- 떠나겠으면 미리 준비하세요.
  Wenn Sie abreisen, bereiten Sie sich im voraus vor!

⑤ "~(으)려면" drückt das 미래시제 von selbst aus, ohne "~겠~" zu verwenden.
⑥ "~(으)면" und "~(으)려면" passen gut zu allen fünf Arten des Satzes.
⑦ "~(으)면", "~(으)려면" und "~(아)야/(어)야" passen zu 부정문.

⑧ "~(아)야/(어)야" passt nicht zu 청유문 und 명령문. In 의문문 drückt dies die ironische Frage aus.

- 너는 내가 죽어야 차릴래(← 차리다)?
  Muß ich sterben, um deine Meinung zu ändern?
- 너는 내가 없어져야(← 없어지다) 좋겠어(← 좋다)?
  Ist es besser für dich, dass ich verschwinde?

• 노래를 잘 Ⓐ부르면/Ⓑ불러야 상을 탈 수 있다.
Ⓐ Wenn du gut singst, kannst du den Preis gewinnen.
Ⓑ Basierend auf gutem Gesang kannst du den Preis gewinnen.

• 너는 어제 노래를 잘 Ⓐ불렀으면/Ⓑ불렀어야 상을 탈 수 있었다.
Ⓐ Wenn du gestern gut gesungen hättest, hättest du den Preis gewinnen können.
Ⓑ Du solltest gestern gut singen, um den Preis zu gewinnen.

• 노래실력이 Ⓐ좋으면/Ⓑ좋아야 상을 탈 수 있다.
Ⓐ Wenn du gute Gesangsfähigkeiten hast, kannst du den Preis gewinnen.
Ⓑ Basierend auf guten Gesangsfähigkeiten kannst du den Preis gewinnen.

• 어제 노래실력이 더 Ⓐ좋았으면/Ⓑ좋았어야 상을 탈 수 있었다.
Ⓐ Wenn du gestern bessere Gesangsfähigkeiten gehabt hättest, hättest du den Preis gewinnen können.
Ⓑ Singfähigkeit sollte besser sein, um den Preis gestern zu gewinnen.

• 노래를 잘 부르는 Ⓐ사람이면/Ⓑ사람이어야 상을 탈 수 있다.
Ⓐ Wer gut singt, kann den Preis gewinnen.
Ⓑ Nur wer gut singt, kann den Preis gewinnen.

• 네가 노래를 잘 부르면 너에게 상을 주겠다.
Wenn du gut singst, werde ich dir den Preis geben.

• 네가 노래를 잘 불러야 너에게 상을 줄 수 있다.
Du mußt gut singen, damit ich dir den Preis.

• 아빠가 도착하면 함께 식사하자.
Wenn Papa ankommt, lass uns zusammen essen!

• 아빠가 도착하면 함께 식사해라.
Esst zusammen, wenn Papa ankommt!

• 아빠가 도착하면 함께 식사할까?
Sollen wir zusammen essen, wenn Papa ankommt?

• 살을 빼려면 열심히 운동해라.
Trainiere hart, um schlank zu werden!

• 살을 빼려면 무슨 운동을 하면 좋을까?
Welche Übung ist gut, um schlank zu werden?

• 살을 빼려면 열심히 운동하자.
Lass uns hart trainieren, um schlank zu werden!

• 늦지 않으려면 서둘러라.
Beeile dich, um nicht zu spät zu kommen!

• 네가 안 가면 내가 가겠다.
Wenn du nicht gehst, werde ich gehen.

• 고기를 안 먹어야 설사가 멎는다.
Fleisch soll nicht gegessen werden, um Durchfall zu stoppen.

(8) Zweck oder Absicht[~(으)러, ~(으)려고, ~도록, ~게]

① Jede verbindet die Klauseln, wenn der Inhalt der vorhergehenden Klausel Zweck oder Absicht des Subjekts ist und die folgende Klausel zur Erfüllung des Zwecks oder der Absicht dient.
② 선어말어미(~았/었~, ~겠~) wird nicht für die Zeitform verwendet.
③ Jede passt nur zu 동사 für die Andeutung des Zwecks oder der Absicht.
④ Wenn "~(으)러" oder "~(으)려고" verwendet wird, soll das Subjekt jeder Klausel dasselbe sein, und Mensch oder Tier sein.
⑤ Wenn "~도록" oder "~게" verwendet wird, kann das Subjekt jeder Klausel unterschiedlich sein und es ist nicht notwendig, Mensch oder Tier zu sein.
⑥ "~(으)러", "~도록" und "~게" passen gut zu allen fünf Arten des Satzes, aber "~(으)려고" passt nicht zu 청유문 und 명령문.

⑦ "~(으)려고", "~도록" und "~게" passen zu 부정문, aber "~(으)러" passt nicht zu 부정문.

- 축구하러/축구하려고 운동장에 가요.
  Wir gehen zum Spielplatz, um Fußball zu spielen, Opa.
- 살을 빼려고 굶는 중이다.
  Ich hungere, um abzunehmen.
- 저는 시험을 잘 보려고 공부하고 있어요.
  Ich bin am Studieren, um den Test gut zu machen, Oma.
- 아버지가 주무시도록/주무시게 나는 이불을 펴 드렸다.
  Ich legte eine Decke aus, um Vater darauf zu schlafen zu lassen.
- 정원이 보이도록/보이게 영수는 창문을 열었다.
  Young-soo öffnete das Fenster, damit der Garten sichtbar war.
- 영화를 보러 극장에 가자.
  Lass uns ins Theater gehen, um einen Film anzusehen!
- 아기가 잠들 수 있도록/있게 조용히 해라.
  Seien sie ruhig, damit das Baby einschlafen kann!
- 공부하려고 극장에 가지 않았다.
  Ich bin nicht ins Theater gegangen, um studieren.
- 친구를 안 만나려고 창고에 숨었다.
  Ich habe mich in einem Lagerhaus versteckt, um keine Freunde zu treffen.
- 문을 못 열도록/열게 자물쇠로 잠갔다(← 잠그다).
  Ich schloß die Tür ab, um zu verhindern, dass sie geöffnet wurde.

"(Gerundium)"~기 위해/위하여" und (Wortstamm des Verbs)"~(하)고자"

① "~기 위해/위하여" und "~고자" verbinden auch die Klauseln für Zweck oder Absicht.

② "~기 위해/위하여" passt zu allen fünf Arten des Satzes, aber "~고자" passt nicht zu 청유문, 명령문 und 못-부정문.

③ "위해" ist umgangssprachlich und "위하여" ist schriftsprachlich.

- 축구하기 위해 운동장에 가요.
- 살을 빼기 위해/빼고자 굶는 중이다.
- 저는 시험을 잘 보기 위하여/보고자 공부하고 있습니다.
- 공부하기 위해/공부하고자 극장에 가지 않았다.
- 친구를 안 만나기 위해/만나고자 창고에 숨었다.

(9) Konzession[~(아)도/(어)도, ~(으)ㄹ지라도, ~더라도]

① Jede verbindet die Klauseln, wenn der Inhalt der folgenden Klausel der vorhergehenden Klausel widerspricht, obwohl die Situation oder der Zustand der vorhergehenden Klausel konzessiv ist.

② "~았/었~" wird für 과거시제 verwendet, aber "~겠~" wird nicht für 미래시제 verwendet.

③ Jede passt zu 동사, 형용사 und 서술격조사[~(이)다], aber wenn "~더라도" zu "~(이)다" oder "~이 아니다" kombiniert wird, ändert sich dies zu "~라도".

④ Das Subjekt jeder Klausel kann unterschiedlich sein.

⑤ Jede passt zu allen fünf Arten des Satzes, einschließlich 부정문.

⑥ "비록" und "아무리", die Adverbien sind, können zusammen verwendet werden, um die Andeutung von Konzession zu betonen.

- (비록) 시험에 떨어져도/떨어지더라도 실망하지 않겠다.
  Ich werde nicht enttäuscht sein, auch wenn ich den Test nicht bestanden habe.

- 그는 (비록) 시험에 떨어졌어도 실망하지 않았다.
  Er war nicht enttäuscht obwohl er die Prüfung nicht bestanden hat.

- 시험에 떨어져도/떨어지더라도 실망하지 마라.
  Sei nicht enttäuscht, auch wenn du den Test nicht bestehst!

- (아무리) 힘들어도/힘들지라도/힘들더라도 포기하지 않겠다.
  So schwierig es auch ist, ich werde nicht aufgeben.
- (아무리) 날씨가 나빠도/나쁘더라도/나쁠지라도 우리는 내일 등산하겠다.
  Egal wie schlecht das Wetter ist, wir wollen morgen den Berg besteigen.
- 날씨가 나빠도/나쁘더라도/나쁠지라도 너는 내일 등산하겠느냐?
  Wirst du morgen den Berg besteigen, auch wenn das Wetter schlecht ist?
- 날씨가 안 좋아도/좋더라도/좋을지라도 내일 등산하자.
  Auch wenn das Wetter nicht gut ist, laß uns morgen den Berg besteigen!
- 그 일은 누가 해도/하더라도/할지라도 결과는 마찬가지야.
  Egal wer jene Arbeit macht, das Ergebnis ist gleich.
- 이 일은 누가 했어도/했더라도/했을지라도 결과는 마찬가지다.
  Egal wer diese Arbeit gemacht hat, das Ergebnis ist gleich.
- 네가 아무리 가난해도/가난하더라도/가난할지라도 누가 너를 도울까?
  Egal wie arm du bist, wer wird dir helfen?
- 네가 비록 성인이어도/성인이라도/성인일지라도 담배는 피지 마라.
  Rauche nicht, auch wenn du ein Erwachsener bist!
- 네가 미성년이 아니어도/아니라도/아닐지라도 담배는 피지 마라.
  Rauche nicht, auch wenn du nicht minderjährig bist!
- 시간이 없어도/없더라도/없을지라도 서두르지 말자.
  Auch wenn wir keine Zeit haben, lass uns nicht eilen!
- 너는 (비록) 어려도/어리더라도/어릴지라도 생각은 정말 깊구나!
  Auch wenn du jung bist, sind deine Gedanken wirklich tiefgründig!

"In der Umgangssprachliche "~(으)ㄹ망정", "~(으)ㄹ지언정" und "~건만" auch für dieselbe Andeutung von Konzession verwendet.

- 나는 가난할지언정/가난할망정 도움을 요청하지 않는다.
  Ich bitte nicht um Hilfe, obwohl ich arm bin.
- 나는 죽을지언정/죽을망정 공산주의는 싫다.
  Ich mag den Kommunismus nicht, obwohl ich sterben werde.
- 그는 떠났건만 나는 아직 그를 사랑하고 있다.
  Obwohl er gegangen ist, liebe ich ihn immer noch.
- 나는 열심히 일하건만 돈을 벌지 못한다.
  Obwohl ich eifrig arbeite, verdiene ich kein Geld.

(10) Auswahl(~거나, ~든지, ~든가)

① Jede Verbindet die Klauseln, wenn eine Klausel aus Klauseln auswählen wird, die unterschiedliche Bedingungen oder Situationen haben.
② Jede verwendet "~았/었~" für die Vergangenheitsform, aber nicht "~겠~" für das Futur.
③ Das Subjekt jeder Klausel kann unterschiedlich sein.
④ Jede passt zu 동사, 형용사 und 서술격조사[~(이)다].
⑤ Jede passt zu allen fünf Arten des Satzes, einschließlich 부정문.
⑥ "또는" oder "아니면", das Adverb ist, kann zusammen verwendet werden, um die Andeutung von Auswahl zu betonen.
⑦ Entsprechend der Bedeutung des Prädikats der letzten Klausel, können nur eine oder alle ausgewählt werden.

- 저는 방학 중에 바다에 가거나/가든지/가든가 (또는/아니면) 산에 갑니다.
  Ich gehe im Urlaub zum Meer oder in die Berge, Sir.
- 밥을 먹든가 (또는/아니면) 빵을 먹든가 결정하자.
  Lass uns entscheiden, Reis oder Brot zu essen!
- 배구를 하거나 (또는) 농구를 하거나 (아니면) 축구를 하거나 어느 것이 좋으냐?
  Was spielst du gerne Volleyball, Basketball oder Fußball?

• 집에 돌아가든가 (아니면) 말든가 그것은 네 자유다.
Ob du nach Hause gehst oder nicht, ist deine Freiheit.

• 밥을 먹든지 (또는) 빵을 먹든지 아무거나 먹어라.
Iss irgendetwas, egal ob Reis oder Brot!

• 미국에 가든가 (아니면) 일본에 가든가 마음대로 해라.
Es liegt an dir, nach Amerika oder nach Japan zu gehen!

• 값이 비싸거나 싸거나 신경 안 쓴다.
Teuer oder günstig, das macht mir nichts aus.

• 크든가 작든가 상관없다.
Es spielt keine Rolle, ob groß oder klein.

(11) Methode oder Mittel[~(아)서/(어)서, ~고]

① Beide verbinden die Klauseln, wenn die vorhergehende Klausel die Methode oder das Mittel für die folgende Klausel ausdrückt.
② 선어말어미(~았/었~, ~겠~) kann nicht für die Zeitform verwendet werden.
③ Das Subjekt jeder Klausel soll dasselbe sein.
④ Beide passen nur zu 동사 wegen der Bedeutung für Methode oder Mittel.
⑤ Beide passen zu allen fünf Arten des Satzes, einschließlich 부정문.

• 우리는 배를 타고 제주도에 갔다.
Wir fuhren mit dem Schiff nach Jejudo.

• 나는 물안경을 쓰고 수영을 했다.
Ich schwamm mit Taucherbrille.

• 비행기를 타고 제주도에 갑시다.
Lassen Sie uns mit dem Flugzeug nach Jejudo fliegen. Sir!

• 엄마는 아기를 업고 병원에 데리고 갔다.
Die Mutter trug das Baby auf dem Rücken ins Krankenhaus.

• 해변까지 걸어서(← 걷다) 가겠느냐?
Gehst du zu Fuß zum Strand?

• 정수는 매일 뛰어서 학교에 간다.
Jeongsu geht jeden Tag zur Schule, indem er rennt.

• 그는 열심히 일해서 부자가 되었다.
Er arbeitete hart und wurde reich.

• 우리는 돼지고기를 어떻게 요리해서 먹을까요?
Wie kochen wir das Schweinefleisch, um es zu essen, Mama?

• 그들은 배를 타지 않고 비행기를 타고 제주도에 갔다.
Sie fuhren nicht mit dem Schiff nach Jejudo, sondern mit dem Flugzeug.

• 계란은 삶지 않고 날로 먹으면 더 맛있다.
Das Ei ist köstlicher, wenn es roh gegessen wird, anstatt gekocht.

(12) Hintergrund[~는데/(으)ㄴ데, ~(으)니]

① Beide verbinden die Klauseln, wenn die vorgehende Klausel den Hintergrund der Angelegenheit ausdrückt, die erklärt, gefragt oder vorgeschlagen wird in der folgenden Klausel.

② "~는데/(으)ㄴ데" verwendet "~았/었~" für 과거시제, aber "~겠~" kann nicht für 미래시제 verwendet werden, sondern wenn die Person, die spricht, die Situation oder den Zustand im Moment ausdrückt. "~겠~" kann verwendet werden.

- 배가 고파 죽겠는데 먹을 것이 없다.
Ich bin unerträglich hungrig, aber ich habe nichts zu essen.

- 머리가 아파 미치겠는데, 집에 두통약이 없다.
Mein Kopf tut schrecklich weh, aber zu Hause gibt es keine Kopfschmerzmedizin.

③ Beide passen zu 동사, 형용사 und 서술격조사[~(이)다].

④ 과거시제 des Verbs für "~(으)니" verwendet "~았더니/었더니", aber "~겠~" wird nicht für 미래시제 verwendet.

⑤ Das Subjekt jeder Klausel kann unterschiedlich sein.

⑥ "~는데/(으)ㄴ데" passt zu allen fünf Arten des Satzes, einschließlich 부정문, aber "~(으)니" passt nicht zu 청유문, 명령문 und 부정문.

• 시장에 가는데 무엇을 살까요?
Ich gehe auf den Markt, also was soll ich kaufen, Mama?

• 시간도 많은데/많으니 천천히 해라.
Du hast viel Zeit, also machst du es langsam.

• 너는 돈도 많은데 맛있는 것 많이 사라.
Du hast viel Geld, also kaufe viele leckere Dinge!

• 지금 식사를 하려고 하는데 같이 먹자.
Ich werde jetzt essen, also lass uns zusammen essen!

• 그는 저의 친구인데 함께 일합니다.
Er ist mein Freund, der mit mir arbeitet, Sir.

• 지난주에 친구 집을 방문했는데 집에 없었습니다.
Ich habe letzte Woche das Haus eines Freundes besucht, aber er war nicht zu Hause, Sir.

• 현복이는 거기에 안 갔는데 너는 갔었느냐?
Hyeonbok ist nicht dorthin gegangen, aber bist du gegangen?

• 집에 와 보니 아무도 없었다.
Als ich nach Hause kam, wurde niemand da.

• 약을 먹었더니 감기가 치료되었다.
Weil ich die Medizin nahm, wurde meine Erkältung geheilt.

• 어제 시장에 갔더니 생선이 싸게 팔리고 있었다.
Als ich gestern auf den Markt ging, verkaufte sich der Fisch billig.

• 역에 도착하니 이미 기차는 떠났습니다.
Am Bahnhof angekommen, ist der Zug bereits abgefahren, Sir.

• 아침에 깨어났더니 이미 10시였다.
Als ich morgens aufwachte, war es bereits 10 Uhr.

• 요즈음 텔레비전을 안 보니 공부하는 시간이 많아요.
Heutzutage sehe ich kein Fernsehen, also habe ich viel Zeit zum Studieren, Hr. ~.

• 너는 올해 서른 살이니/살인데 결혼할 나이다.
Da du 30 Jahre alt bist, ist es das Alter zu heiraten.

ABSCHNITT 21

Nützliche Ausdrücke

| 유용한 표현들 |

In diesem Abschnitt lernen wir nützliche Ausdrücke für das tägliche Gespräch, die in der vorhergehenden Abschnitte nicht behandelt wurden!

1 ~(을)ㄹ 수밖에 없다.: keinen anderen Weg, als ~ / keine andere Wahl, als ~ / können nicht anders, als ~/ sollen ~/müssen ~

- 돈이 없어서 친구한테 빌릴 수밖에 없었다.
  Da es kein Geld gab, gab es keinen anderen Weg, als von einem Freund Geld zu leihen.
- 쌀이 떨어져서(← 떨어지다) 굶을 수밖에 없습니다.
  Weil der Reis erschöpft ist, können wir nicht anders, als zu verhungern, Sir.
- 지금은 한여름이기 때문에 더울 수밖에 없어요.
  Da es jetzt Hochsommer ist, muß es heiß sein, Fr. ~.
- 겨울에는 과일이 비쌀 수밖에 없다.
  Im Winter sollen die Früchte teuer sein.
- 나는 그렇게 할 수밖에 없었다.
  Ich habe keinen anderen Weg, als so zu handeln.

2 ~ 뿐만 아니라 ~도 ~: nicht nur ~, sondern auch ~ /~ sowie ~

- 그는 지혜로울 뿐만 아니라 겸손하기도 하다.
  Er ist nicht nur weise, sondern auch demütig.
- 영희는 예쁠 뿐만 아니라 똑똑하기도 하다.
  Yeonghi ist nicht nur schön, sondern auch klug.
- 영식이는 돈뿐만 아니라 차도 있고 집도 있다.
  Yeongsik hat ein Auto und ein Haus sowie Geld.
- 나는 독일뿐만 아니라 프랑스도 자주 간다.
  Ich besuche Frankreich oft sowie Deutschland.
- 골프를 치려면 돈뿐만 아니라 시간도 많이 필요하다.
  Golf spielen erfordert nicht nur viel Zeit, sondern auch Geld.

* "뿐": Wenn es mit Prä-nomen verwendet wird, ist es ein unvollständiges Substantiv, und wenn es mit unflektierbarem Wort kombiniert wird, ist es eine Hilfs-PP, die ohne Spatium geschrieben werden soll.

3 ~아/어 봤자 ~: **Es hat keinen Sinn, ~/Es ist sinnlos, ~ /obwohl ~/ auch wenn ~**

- 지금 역에 가 봤자(← 보았자 ← 보다) 기차는 이미 떠났다.
  Es hat keinen Sinn, zum Bahnhof zu gehen, da der Zug bereits abgefahren ist.
- 기차가 빨라 봤자 비행기보다 느리다.
  Obwohl der Zug schnell ist, ist er langsamer als das Flugzeug.
- 쏟아진 우유에 울어 봤자 소용없다.
  Es ist sinnlos, über verschüttete Milch zu weinen.
- 한국이 아무리 더워 봤자 필리핀만큼 안 덥다.
  Auch wenn Korea noch so heiß ist, ist es nicht so heiß wie die Philippinen.
- 밤새워 기다려 봤자 네 친구는 안 온다.
  Es hat keinen Sinn, die ganze Nacht auf deinen Freund zu warten, da er nicht kommen wird.
- 내가 회사사장이어 봤자 직원은 겨우 두 명이다.
  Obwohl ich Chef eines Unternehmens bin, gibt es nur zwei Mitarbeiter.

4 ~도 ~도 아니다./없다.: **weder ~ noch ~**

- 그는 건강도 재산도 없다.
  Er hat weder Gesundheit noch Vermögen.
- 나는 골프를 칠 시간도 돈도 없다.
  Ich habe weder Zeit noch Geld zum Golfspielen.
- 너도 나도 잘못이 없다.
  Weder du noch ich sind schuld.
- 그도 그녀도 도착하지 않았다.
  Weder er noch sie sind angekommen.
- 저 여자는 영희도 순희도 아니다.
  Jene Frau ist weder Younghi noch Sunhi.

5 ~기보다(는)/~보다는 ~: **besser als ~/anstatt ~/eher als ~**

- 나는 공부하기보다(는) 운동하기를 더 좋아한다./나는 공부보다(는) 운동을 더 좋아한다.
  Ich treibe lieber Sport als zu studieren.
- 밥을 먹기보다(는) 빵을 먹는 것이 더 좋다./밥보다(는) 빵을 먹는 것이 더 좋다.
  Es ist besser, Brot zu essen als Reis zu essen.
- 식당에서 먹기보다(는) 집에서 먹는 것이 더 좋습니다.
  Es ist besser, zu Hause zu essen, als im Restaurant zu essen, Sir.
- 전화로 얘기하기보다(는) 직접 만나서 얘기하자.
  Treffen wir uns und sprechen persönlich, anstatt telefonisch zu sprechen!
- 티브이 뉴스를 보기보다(는) 신문을 읽는 것이 좋다.
  Es ist besser, die Zeitung zu lesen, als Fernsehnachrichten zu sehen.
- 철수는 영리하기보다(는) 열심히 노력하는 학생이다.
  Cheolsu ist eher ein fleißiger Schüler als ein kluger Schüler.
- 나는 예쁘기보다(는) 현명한 여자가 좋다.
  Ich mag eher eine weise Frau als eine hübsche Frau.

* "~는" betont die Bedeutung des Satzes.

6 ~기만 하다.: **kontinuierlich oder anhaltend in einer Gewohnheit, einem Zustand oder einer Handlung**

- 아기가 계속해서 울기만 해요.
  Das Baby weint nur weiter, Fr. ~.
- 어제는 피곤해서 하루 종일 자기만 했다.
  Weil ich gestern müde war, habe ich den ganzen Tag nur geschlafen.
- 그 사람은 게으르기만 해서 싫다.
  Ich mag ihn nicht, weil er immer faul ist.
- 부지런하기만 하면 굶지는 않는다.
  Wenn du nur fleißig bist, verhungerst du nicht.
- 저는 너무 배가 고파서 계속 먹기만 했습니다.
  Ich habe nur weiter gegessen, weil ich so hungrig war, Sir.

7 ~(이)거든(요).: weil ~, (Hr. ~).

• A: 왜 늦었어?
  Warum bist du zu spät?
  B: 비가 너무 많이 왔거든.
  Weil es so stark geregnet hat.

• A: 왜 뚱뚱해졌어?
  Warum bist du fett geworden?
  B: 매일 맥주를 많이 마셨거든.
  Weil ich jeden Tag viel Bier getrunken habe.

• A: 테니스를 정말 잘 하시는군요!
  Sie spielen wirklich gut Tennis!
  B: 학생이었을 때 테니스선수였거든요.
  Weil ich während der Schulzeit Tennisspieler war, Hr. ~.

8 ~은 물론이고 ~도/까지 ~: nicht nur ~, sondern auch ~/~ sowie ~ /weder ~ noch ~/sowohl ~ als auch ~

• 식사는 물론이고 맥주도/맥주까지 내가 사겠다.
  Ich werde nicht nur Essen sondern auch Bier kaufen.

• 어제는 너무 바빠서 점심은 물론이고 저녁도/저녁까지 못 먹었다.
  Gestern war ich so beschäftigt, dass ich weder Mittagessen noch Abendessen haben konnte.

• 우리 회사는 세 끼 식사는 물론이고 숙소도/숙소까지 제공한다.
  Unsere Firma bietet Unterkunft sowie drei Mahlzeiten.

• 나는 너에게 음식은 물론이고 용돈도/용돈까지 주겠다.
  Ich werde dir sowohl Taschengeld als auch Essen geben.

9 (~만) ~(으)면 그만이다.: (Nur) wenn ~, ist das genug/in Ordnung.

- 아이는 건강하면 그만이다.
  Wenn das Kind gesund ist, ist das in Ordnung.
- 학생은 공부만 잘 하면 그만이지.
  Wenn ein Student gut lernt, ist das genug.
  * "그만이지." deutet die persönliche Meinung der sprecheden Person sicherer als "그만이다." an.
- 인생은 마음만 편하면 그만입니다.
  Nur wenn der Geist im Leben friedlich ist, ist das genug, Sir.
- 우리 회사는 영어만 잘 하면 그만이지요./그만이죠.
  Wenn man in unserer Firma gut Englisch spricht, ist das genug. Hr. ~.
  * "그만이지요." ist der höfliche Ausdruck von "그만이지." Anstelle von "~이지요." wird "~이죠." öfter verwendet, um umgangssprachlicher zu sein.
- 부부는 서로 사랑하면 그만이다.
  Wenn sich ein Paar liebt, ist das in Ordnung.

10 ~(이)잖아(요).: Wie du weißt ~/Weil ~, (Hr. ~.).

- A: 어디 가세요?
  Wohin gehen Sie?
  B: 산책하러 가요. 날씨가 좋잖아요.
  Ich gehe spazieren. Weil das Wetter schön ist, Hr. ~.
- 맥주 한 잔 하자. 여름에는 시원한 맥주가 최고잖아.
  Lass uns ein Glas Bier trinken! Weil kaltes Bier im Sommer am besten ist.
- 왜 늦었어? 한 시부터 회의가 시작하잖아.
  Warum bist du zu spät? Wie du weißt, beginnt das Treffen um ein Uhr.
- 너무 야단치지 마세요. 영수는 아직 초등학생이잖아요.
  Schimpfen Sie nicht zu viel! Wie Sie wissen, ist Yeongsu noch in der Grundschule.

11 ~(을)ㄹ 텐데 ~: Ich denke/glaube ~, also ~

- 배가 고플 텐데, 우선 식사부터 하세요.
  Ich denke, Sie haben Hunger, also essen Sie zuerst!
- 내일은 더울 텐데, 바다에 수영하러 가자.
  Ich denke, es wird morgen heiß, also lass uns im See schwimmen gehen!
- 그는 어제 서울에 갔을 텐데, 전화해 보자.
  Ich glaube, er ist gestern nach Seoul gefahren, also rufen wir ihn an!
- 아직 학생일 텐데 공부 열심히 해라.
  Ich denke, du bist noch ein Student, also lerne hart!

12 ~기는(요)!: nicht so ~, (Hr. ~)!

- A: 정말 부지런하구나!
  Wie fleißig du bist!
  B: 부지런하기는! 오늘 아침은 9시에 일어났어.
  Nicht so fleißig! Ich bin heute um neun Uhr morgens aufgewacht.
- A: 요리를 참 잘 하는구나!
  Du kochst wirklich gut!
  B: 잘 하기는요! 그냥 요리책을 따라하고 있어요.
  Nicht so gut, Hr. ~! Ich folge nur dem Kochbuch, Sir.
- A: 아드님이 참 잘 생겼습니다.
  Wie hübsch ist Ihr Sohn, Sir!
  B: 잘 생기기는요! 잘 봐 주셔서 감사합니다.
  Nicht so hübsch! Vielen Dank für Ihr freundliches Kompliment.

13 ~아야지(요)./~어야지(요).: sollen ~,/müssen ~, (Hr. ~)

- A: 늦어서 미안해요.
  Tut mir leid, dass ich zu spät komme, Hr. ~.
  B: 늦지 않으려면 더 일찍 출발했어야지요./출발했어야죠.
  Um nicht zu spät zu kommen, sollst du früher abgereist sein.

• A: 담배를 정말 많이 피우시는군요!
Sie rauchen wirklich viel, Hr. ~!

B: 담배 피워서 미안합니다. 줄여야지요./줄여야죠.
Tut mir leid zu rauchen, Hr. ~. Ich soll reduzieren.

• A: 커피를 마셔서 잠이 안 와요.
Weil ich Kaffee getrunken habe, kann ich nicht einschlafen, Hr. ~.

B: 그러면 자기 전에 커피를 마시지 말았어야지.
Wenn ja, hättest du vor dem Schlafengehen keinen Kaffee trinken sollen.

• A: 요즈음 몸이 약해진 것 같아요.
Ich fühle, dass mein Körper heutzutage schwächer ist, Hr ~.

B: 건강해지려면 매일 운동을 해야지요./해야죠.
Sie müssen jeden Tag Sport treiben, um gesund zu sein.

14 ~곤 하다: ab und zu ~ machen/gelegentlich ~ tun

• 저는 기분이 우울하면 이 공원에서 산책하곤 합니다.
Ich mache ab und zu einen Spaziergang in diesem Park, wenn ich depressiv bin, Sir.

• 이 식당에서 가족과 함께 식사를 하곤 한다.
Gelegentlich esse ich mit meiner Familie in diesem Restaurant.

• 아내와 말다툼하면 이 주점에서 혼자 맥주를 마시곤 했다.
Gelegentlich habe ich in dieser Kneipe allein Bier getrunken, als ich mit meiner Frau gestritten habe.

• 독일에서 살 때, 라인강가에서 자전거를 타곤 했다.
Als ich in Deutschland lebte, bin ich gelegentlich am Rhein entlang radgefahren.

• 나는 일 끝나고 집에 갈 때, 이 가게에서 과일을 사곤 했다.
Ab und zu kaufte ich Obst in diesem Laden, als ich von der Arbeit nach Hause ging.

15 ~(을)ㄹ 걸 그랬다.: hätten ~ tun sollen./Es ist bedauerlich, nicht ~ getan zu haben.

- 이 집은 좀 작다. 좀 더 큰 집을 살 걸 그랬다.
  Dieses Haus ist etwas klein. Ich hätte ein größeres Haus kaufen sollen.
- 엄마, 버스는 너무 느려요. 지하철을 탈 걸 그랬어요.
  Der Bus ist zu langsam. Es ist bedauerlich, nicht mit der U-Bahn gefahren zu sein, Mama.
- 김 형, 음식이 맛이 없어요. 다른 식당에 갈 걸 그랬어요.
  Das Essen ist nicht lecker. Es ist bedauerlich, nicht anderes Restaurant besucht zu haben, Herr Kim.
- 아이고, 버스는 벌써 떠났구나. 더 빨리 올 걸 그랬다.
  Oh mein! Der Bus ist schon abgefahren. Wir hätten früher ankommen sollen.

16 ~(을)ㄹ 테니까, ~: weil ~,/da ~,/~, also ~

- 지금 갈 테니까, 기다리세요.
  Weil ich jetzt gehe, bitte warten Sie!
- 오후에 비가 올 테니까, 우산을 가지고 가거라.
  Bringe einen Regenschirm mit, da es am Nachmittag regnen wird!
- 일 하느라고 힘들었을 테니까, 푹 쉬세요.
  Bitte, machen Sie eine gute Pause, da Sie Schwierigkeiten bei der Arbeit hatten!
- 그때는 아이였을 테니까, 당신은 정치에 대해서 몰랐겠지요./몰랐겠죠.
  Ich denke, Sie wußten nichts über Politik, weil Sie damals ein Kind waren.
- 과일 좀 보낼 테니까, 맛있게 드세요.
  Ich werde Ihnen etwas Obst schicken, also genießen Sie es!

17 ~(이)거든(요).: **weil ~, /da ~, (Hr. ~).**

- A: 피곤해 보여요.
  Sie sehen müde aus.
  B: 어젯밤 밤새도록 일 했거든.
  Weil ich letzte Nacht die ganze Nacht gearbeitet habe.
- A: 왜 이 식당에서 자주 식사하세요.
  Warum essen Sie oft in diesem Restaurant, Hr. ~?
  B: 음식이 싸고 맛있거든요.
  Weil das Essen billig und lecker ist, Hr. ~.
- A: 통화 가능합니까?
  Kann ich telefonisch sprechen, Sir?
  B: 죄송합니다. 지금 회의 중이거든요.
  Entschuldigen Sie, weil ich jetzt in der Besprechung bin.

18 ~지만/~기는 하지만: **obwohl ~/zustimmen ~, aber ~ /zwar ~ aber ~**

- 한국산 제품이 다소 비싸지만/비싸기는 하지만 품질이 매우 좋다.
  Ich stimme zu, dass koreanische Produkte relativ teuer sind, aber die Qualität ist sehr gut.
- 이 신발은 싸지만/싸기는 하지만 쉽게 떨어집니다.
  Dieser Schuh nutzt sich leicht ab, obwohl er billig ist, Sir.
- 눈이 와서 경치가 좋지만/좋기는 하지만 길이 미끄러워 위험하다.
  Obwohl die Landschaft wegen des Schnees wunderschön ist, ist die Straße rutschig und gefährlich.
- 방이 컸지만/크기는 했지만 깨끗하지 않아서 싫었다.
  Obwohl das Zimmer geräumig war, hat es mir nicht gefallen, weil es nicht sauber war.
- 맥주를 마시지만/마시기는 하지만 좋아하지 않는다.
  Obwohl ich Bier trinke, mag ich es nicht.
- 저는 한국인이지만/한국인이기는 하지만 매운 음식을 잘 못 먹어요.
  Ich bin zwar Koreaner, aber ich bin nicht gut darin scharf zu essen, Hr. ~.

19 ~(을)ㄹ 만하다.: wert sein/verdienen/Es lohnt sich ~/würdig sein

* In diesem Fall ist “만” von “만하다” ein unvollständiges Substantiv(의존명사).

- 한국음식은 맵지만 먹을 만하다.
  Koreanisches Essen ist scharf, aber es lohnt sich, es zu essen.
- 그의 행위는 칭찬받을 만합니다.
  Seine Tat verdient Lob, Sir.
- 그는 믿을 만하다.
  Er ist vertrauenswürdig..
- 제주도는 경치가 아름다워서 여행할 만하다.
  Jejudo ist wegen ihrer wunderschönen Landschaft eine Reise wert.
- 이 책은 읽을 만하다.
  Es lohnt sich dieses Buch zu lesen.

20 ~(을)ㄹ 정도~: so ~, dass ~/so ~, um ~

- 나는 영희와 어깨가 닿을 정도로 가깝게 걸었다.
  Ich lief so nah neben Yeonghi, dass meine Schulter ihre Schulter berührte.
- 나는 때려 주고 싶을 정도로 승기가 밉다.
  Seunggi ist so hasserfüllt, dass ich ihn schlagen möchte.
- 나는 아이스크림을 매우 좋아해서 매일 먹을 정도이다.
  Ich mag Eis so sehr, dass ich es jeden Tag esse.
- 저의 가족은 노래하기를 아주 좋아해서 집에 노래방기계가 있을 정도입니다.
  Meine Familie liebt es so viel zu singen, um eine Karaoke-Maschine zu Hause zu haben, Sir.
- 그렇게 화가 날 정도로 내 말에 기분이 나빴어?
  Warst du durch meine Wörter so beleidigt, dass du so wütend warst?

21 (~면) ~ㄹ수록 더 ~: Je mehr ~, desto mehr ~

- 벼는 (익으면) 익을수록 고개를 더 숙인다.
  Je mehr der Reis reift, desto mehr neigt er sich.
- 사람은 (배우면) 배울수록 더 겸손하다.
  Je gelehrter der Mensch ist, desto bescheidener ist er.
- 김치는 (익으면) 익을수록 더 맛있다.
  Je fermentierter Kimchi ist, desto köstlicher ist es.
- 너를 보면 볼수록 더 보고 싶다.
  Je mehr ich dich sehe, desto mehr vermisse ich dich.
- 부자일수록 더 절약한다.
  Je reicher, desto sparsamer.
- 여자는 (예쁘면) 예쁠수록 더 예뻐지고 싶어 한다.
  Je schöner Frau ist, desto schöner möchte sie sein.
- 이 빵은 (먹으면) 먹을수록 더 맛있다.
  Je mehr ich dieses Brot esse, desto besser schmeckt es.
- 독일어는 공부하면 할수록 더 쉽다고 느껴진다.
  Je mehr ich Deutsch lerne, desto leichter fühle ich ist es.
- 꽃은 (예쁘면) 예쁠수록 더 빨리 시든다.
  Je schöner die Blume ist, desto schneller verwelkt sie.
- 네가 (일찍 오면) 일찍 올수록, 우리는 시간이 많아진다.
  Je früher du kommst, um so mehr Zeit haben wir.

22 ~았다/~었다 하면, (항상/보통)~: wenn ~, (immer/normalerweise) ~

- BTS는 공연을 했다 하면, 공연장은 항상 만원이다.
  Wenn BTS die Aufführung macht, ist der Veranstaltungsort immer voll.
- 저는 무엇이든지 시작했다 하면, 끝을 냅니다.
  Wenn ich irgendwas anfange, beende ich es, Sir.
- 나는 독일에 갔다 하면, 항상 반년씩 머물렀다.
  Wenn ich nach Deutschland gegangen bin, blieb ich immer ein halbes Jahr.

- 정수는 친구와 통화를 했다 하면, 보통 한 시간이다.
  Wenn Jeongsu einen Freund anruft, spricht er normalerweise eine Stunde lang.
- 할아버지는 우산을 가지고 가셨다 하면 항상 잃어버리신다.
  Wenn der Großvater den Regenschirm mitbringt, verliert er ihn immer.

23 ~(으)려던 참에 ~: im Moment ~, als gerade ~ (☞ 의존명사, Abschnitt 14)

- 막 떠나려던 참에 소나기가 왔다.
  Es schauerte, als ich gerade gehen wollte.
- 여행을 가려던 참에 할아버지가 돌아가셔서 여행을 취소했다.
  Mein Großvater starb, als ich gerade eine Reise machen wollte, also habe ich die Reise abgesagt.
- 시장에 가려던 참에 친구가 와서 함께 가는 중이다.
  Ich gehe mit einem Freund auf den Markt, weil er mich im Moment des Marktbesuchs besucht hat.
- 밥을 먹으려던 참에 전화가 왔다.
  Als ich gerade essen wollte, klingelte das Telefon.

24 ~(으)면/~다가는 ~: wenn ~

- 그렇게 게으르게 공부하면/공부하다가는 시험에 떨어지겠다.
  Wenn du so träge lernst, wirst du die Prüfung nicht bestehen.
- 그렇게 담배를 많이 피우면/피우다가는 폐암에 걸린다.
  Wenn du so viel rauchst, bekommst du Lungenkrebs.
- 우산 없이 비를 맞으면/맞다가는 감기에 걸린다.
  Wenn du ohne Regenschirm im Regen stehst, erkältest du dich.
- 매일 그렇게 많이 먹으면/먹다가는 뚱보가 된다.
  Wenn du jeden Tag so viel isst, wirst du fett.
- 이렇게 혼자 살면/살다가는 우울증에 걸릴 것 같아요.
  Wenn ich so alleine lebe, werde ich möglicherweise an einer Depression erkranken, Fr. ~.

25 ~ㄹ지(도) 모른다.: **vielleicht ~/nicht sicher ~**

• 공부를 열심히 안 해서 시험에 떨어질지(도) 몰라요(→ 모르죠).
Vielleicht werde ich den Test nicht bestehen, weil ich nicht fleißig gelernt habe, Hr. ~.

• 나는 내일 학교에 못 갈지(도) 몰라(→모르지).
Ich bin mir nicht sicher, ob ich morgen nicht zur Schule gehen kann.

• 이 아이는 자라서 우리의 대통령이 될지(도) 모릅니다.
Wir sind uns nicht sicher, ob dieses Kind erwachsen wird und unser Präsident wird, Sir.

• 그 사람은 아직 총각일지(도) 모른다.
Vielleicht ist dieser Mann noch Junggeselle.

• 지하철이 택시보다 느릴지(도) 몰라요.
Vielleicht ist die U-Bahn langsamer als das Taxi, Hr. ~.

26 ~ㄴ 것/거 같다./~ㄹ 것/거 같다.: **Es scheint(ahnt) mir~./ Es sieht so aus, als ~./ Ich vermute(denke) ~./Vielleicht~/ Wahrscheinlich ~**

* Ausdruck für Vermutung oder unsichere Schlussfolgerung
* "것/거" ist ein unvollständiges Substantiv, das das Ding, die Tatsache, das Phänomen, die Eigenschaft usw. nach dem Prä-Nomen ausdrückt. "거" wird öfter in der Umgangssprache als "것" verwendet.
* Über den Unterschied zwischen "~ㄴ 것/거" und "~ㄹ 것/거" sehen Sie Abschnitt 13(Adjektivisches Prä-Nomen).

• 일기예보에 의하면 내일 비가 올 것/거 같습니다.
Laut Wettervorhersage sieht es so aus, als würde es morgen regnen, Sir.

• 어젯밤에 비가 온 것/거 같다.
Es sieht so aus, als hätte es letzte Nacht geregnet.

• 엄마, 내일 친구가 올 것/거 같아요.
Vielleicht/Wahrscheinlich wird mein Freund morgen kommen, Mama.

• 그는 지금 공원에서 산책을 하고 있는 것 같다.
Er scheint jetzt einen Spaziergang im Park zu machen.

- 환율이 오를 것/거 같아서 달러를 조금 샀다.
  Ich habe ein paar Dollar gekauft, weil der Wechselkurs zu steigen schien.
- 그 사람은 간첩인 것/거 같아서(간첩 같아서) 경찰에 신고했다.
  Weil der Mann wie ein Spion aussah, habe ich ihn bei der Polizei gemeldet.

  * Im Fall des unflektierbaren Wort modifiziert "같다" das Wort von hinten als Adjektiv.
    - 간첩 같다: wie ein Spion aussehen
    - 거짓말 같다: wie eine Lüge scheinen
    - 실업자 같다: wie ein Arbeitloser aussehen

- 저 사람은 친절할 것/거 같으니까 도와달라고 하자.
  Er scheint nett zu sein, also bitten wir ihn um Hilfe!
- 택시보다 지하철을 타면 더 빠를 것/거 같다.
  Ich denke, es ist schneller mit der U-Bahn als mit dem Taxi.
- 지하철을 탔으면 더 빨리 도착했을 것/거 같다.
  Vielleicht wäre ich früher angekommen, wenn ich mit der U-Bahn gefahren wäre.
- 영희는 예쁜 거 같다.
  Es scheint mir, dass Yeonghi hübsch ist.
- 영희는 자라면 예쁠 거 같다.
  Ich denke, Yeonghi wird hübsch sein, wenn sie groß wird.
- 저 차는 비싼 거 같다.
  Es scheint, dass das Auto teuer ist.
- 엄마, 저 사람은 한국 사람인 거 같아요.
  Es scheint mir, dass er ein Koreaner ist, Mama.
- 철수는 열심히 공부할 것 같아요.
  Ich denke, Cheolsu wird fleißig lernen, Fr. ~.
- 철수는 열심히 공부한 것 같아요.
  Ich denke, Cheolsu hat hart studiert, Hr, ~.
- 영수는 지금 공부하고 있는 거 같다.
  Es scheint, dass Yeongsu jetzt am Studieren ist.

27 ~면서(요)?: **Ich habe ~ gehört, oder/richtig, (Hr. ~.)?/Ich weiß ~, stimmt das, (Hr. ~)?**

- 당신은 지금 삼성전자에서 근무한다면서요?
  Ich habe gehört, dass Sie bei Samsung Electronics arbeiten, oder?
- 그 사람은 어제 독일에서 돌아왔다면서요?
  Ich weiß, dass er gestern aus Deutschland zurückgekommen ist, stimmt das, Hr. ~?
- 너는 영희랑 영화 봤다면서?
  Ich habe gehört, du hast mit Yeonghi einen Film gesehen, oder?
- 내일 일본으로 여행할거라면서?
  Ich habe gehört, du machst morgen eine Reise nach Japan, oder?
- 영희는 아주 착하다면서요?
  Ich weiß, dass Yeonghi sehr nett ist, richtig, Hr. ~?
- 내일 아침에는 늦는다면서?
  Ich habe gehört, du kommst morgen früh zu spät, oder?
- 영희는 아직 학생이라면서요?
  Ich weiß, dass Yeonghi noch eine Studentin ist, stimmt das, Hr. ~?

28 ~더라.(~더라고요.): **Ich bemerkte ~ (Hr. ~)./Es ist mir aufgefallen ~ (Hr. ~).**

- 영희는 집에서 공부를 하고 있더라고요.
  Ich bemerkte, dass Younghi zu Hause lernte, Hr. ~.
- 공원에 사람들이 많더라.
  Mir ist aufgefallen, dass viele Leute im Park waren.
- 집에 아무도 없더라고요.
  Mir ist aufgefallen, dass niemand zu Hause war, Hr. ~.
- 아기가 초콜릿을 맛있게 먹더라.
  Ich bemerkte, dass das Baby köstlich Schokolade aß.

29 ~ㄴ(은) 대신(에) ~/~ 대신(에): statt ~/anstelle ~

- 밥을 먹는 대신/대신에 빵을 먹겠다.
  Ich werde Brot anstelle von Reis essen.
- 품질이 좋은 대신/대신에 가격이 비싸다.
  Statt der guten Qualität ist der Preis hoch.
- 오늘은 동생 대신/대신에 내가 방을 청소한다.
  Heute putze ich das Zimmer anstelle meines Bruders.
- 내일은 내 대신/대신에 동생이 방을 청소할 것이다.
  Morgen wird mein Bruder das Zimmer an meiner Stelle putzen.

30 ~은(는) 고사하고/~은(는)커녕 ~도/~조차: weit entfernt von ~, nicht einmal ~ / sogar ~

- 저축은커녕/저축은 고사하고 하루하루 살아가기도/살아가기조차 힘들다.
  Weit davon entfernt, Geld zu sparen, kann ich kaum Tag für Tag meinen Lebensunterhalt bestreiten.
- 예쁘기는커녕/예쁘기는 고사하고 성격도/성격조차 나쁘다.
  Weit davon entfernt, hübsch zu sein, ist sogar der Charakter schlecht.
- 해외여행은커녕/해외여행은 고사하고 제주도도/제주도조차 갈 시간이 없다.
  Weit entfernt von der Zeit für eine Reise ins Ausland, gibt es nicht einmal die Zeit, nach Jejudo zu reisen.
- 아파트는커녕/아파트는 고사하고 허름한 집도/집조차 없다.
  Weit entfernt von einer Wohnung habe ich nicht einmal ein ärmliches Häuschen.

31 ~기 십상이다.: zu ~ führen/anfällig für ~/leicht ~

- 밤늦게 식사를 하고 잠을 자면 살이 찌기 십상이다.
  Spät in der nach zu essen und dann zu schlafen führt zur Gewichtszunahme.
- 말을 안 하면 오해받기 십상입니다.
  Wenn Sie nicht sprechen, werden Sie leicht missverstanden, Sir.
- 일할 때 졸면 다치기 십상이에요(→ 십상이죠).
  Einnicken bei der Arbeit führt zur Verletzung, Hr. ~.
- 교통신호를 안 지키면 사고를 내기 십상이다.
  Wenn du die Verkehrszeichen nicht beachtest, kann es leicht zu einem Unfall kommen.
- 혼자 멋대로 하면 문제가 발생하기 십상이다.
  Wenn man etwas alleine macht, wie man mag, kann es leicht zu Problemen kommen.
- 담배를 많이 피우면 폐암에 걸리기 십상이다.
  Wenn man viel raucht, ist man anfällig für Lungenkrebs.

32 ~(이)지(요).: Ich bin sicher ~ (Hr. ~)./Ich weiß ~ (Hr. ~).

- A: 아빠, 저는 나이키 운동화를 신고 싶어요.
  Ich möchte Nike-Turnschuhe tragen, Papa.
  B: 내일 사 주겠다. 나이키 운동화는 정말 좋은 신발이지.
  Ich werde dir morgen kaufen. Ich bin sicher, Nike-Turnschuhe sind wirklich gute Schuhe.
- A: 한국은 어떤 나라예요?
  Was für ein Land ist Korea, Hr. ~?
  B: 사계절 때문에 매우 아름다운 나라지요(→ 나라죠).
  Sicher, dass es wegen der vier Jahreszeiten ein wunderschönes Land ist, Hr. ~.
- A: 아빠, 저는 미국에 가고 싶어요.
  Ich möchte in die USA gehen, Papa.

B: 좋은 생각이다. 미국은 세계에서 가장 강력한 자유국가지.

Das ist eine gute Idee. Ich weiß, dass die Vereinigten Staaten das mächtigste und freie Land der Welt sind.

- A: 저는 규봉이와 친한 친구예요.

  Ich bin ein enger Freund von Kyubong, Fr. ~.

  B: 좋은 친구를 가졌구나! 규봉이는 정말 똑똑한 학생이지.

  Du hast einen guten Freund! Ich bin sicher, Kyubong ist ein wirklich kluger Schüler.

33 ~ㄴ데도 불구하고/~에도 불구하고: trotz ~/obwohl ~

- 영희는 예쁜데도 불구하고 남자친구가 없어요.

  Obwohl Yeonghi hübsch ist, hat sie keinen Freund, Fr. ~.
- 저는 열심히 공부하는데도 불구하고 시험성적이 나빠요.

  Mein Testergebnis ist schlecht, obwohl ich eifrig studiere, Herr.
- 부모님의 강한 반대에도 불구하고 영희하고 결혼했다.

  Trotz der starken Einwände der Eltern heiratete ich Yeonghi.
- 오랜 다이어트에도 불구하고 살이 빠지지 않는다.

  Trotz langer Diät nehme ich nicht ab.
- 영수는 게으른데도 불구하고 시험결과가 좋다.

  Obwohl Yeongsu faul ist, sind die Testergebnisse gut.
- 지금은 겨울인데도 불구하고 날씨가 춥지 않다.

  Obwohl es jetzt Winter ist, ist das Wetter nicht kalt.

34 ~을/~를 막론하고: unabhängig von ~/aus irgendeinem ~

- 제주도는 남녀노소를 막론하고 여행하기 좋은 곳이다.

  Jejudo ist ein guter Ort zum Reisen, unabhängig von Alter und Geschlecht.
- 이번 사고는 이유를 막론하고 자세히 조사해야 합니다.

  Dieser Vorfall soll aus irgendeinem Grund ausführlich untersucht werden, Sir.
- 그 영화배우는 나이를 막론하고 모든 사람이 좋아한다.

  Der Filmstar wird von allen Menschen, unabhängig vom Alter, geliebt.

35 ~을/~를 무릅쓰고: trotz ~

- 저는 부모님의 반대를 무릅쓰고 영희와 결혼했습니다.
  Trotz des Einspruchs der Eltern heiratete ich Yeonghi, Sir.
- 소방관들은 위험을 무릅쓰고 불을 끈다.
  Feuerwehrleute löschen das Feuer trotz Gefahr.
- 군인은 죽음의 위험을 무릅쓰고 적과 싸운다.
  Die Soldaten kämpfen gegen den Feind trotz Lebensgefahr.
- 나는 추위를 무릅쓰고 한라산에 올라갔다.
  Trotz der Kälte stieg ich auf den Berg Halla.

36 ~ㄹ 여지가 있다./없다.: Es gibt Raum(Möglichkeit) zu ~/ Ea gibt keinen Raum(Möglichkeit) zu ~

- 우리 회사는 아직 개선할 여지가 있다.
  In unserem Unternehmen gibt es noch Möglichkeit zur Verbesserung.
- 이 사건에 대해서는 아직 의심할 여지가 있다.
  Ey gibt noch die Möglichkeit, an dieser Angelegenheit zu zweifeln.
- 이 문제에 대해서 더 이상 논쟁할 여지가 없다.
  Es gibt keinen Raum, weiter über dieses Problem zu streiten.
- 제 실수이기 때문에 변명할 여지가 없습니다.
  Es gibt keinen Raum zur Ausrede, weil es mein Fehler ist, Sir.
- 나는 그들의 토론에 참가할 여지가 없었다.
  Ich hatte keinen Raum, um an ihrer Diskussion teilzunehmen.
- 그 나라는 더 이상 발전할 여지가 없다.
  Das Land hat keine Möglichkeit für weitere Entwicklung.

Appendix

Grammatische Ausdrücke

(문법 용어)

1 문자: Alphabet

- 발음: Aussprache
- 읽기: Lesen
- 자음: Konsonant
  - 단자음: Einzelner Konsonant
  - 쌍자음: Zwillingskonsonant
  - 받침자음: Schlusskonsonant
  - 겹받침: Schlussdoppelkonsonant
  - 평음: Einfachlaut
  - 경음: Forteslaut/Starker Laut
  - 격음: Aspiratenlaut
- 모음: Vokal
  - 단모음: Einzelnervokal
  - 이중모음: Doppelvokal
  - 중간모음: Medialer Vokal
- Laute aus jedem Teil des Mundes
  - 아음: Molarlaut
  - 설음: Zungenlaut
  - 순음: Lippenlaut
  - 치음: Zischlaut
  - 후음: Kehllaut
- Phonemisches Element einer Silbe
  - 초성: Anlaut
  - 중성: Inlaut
  - 종성: Auslaut

2 Wort als Element eines Satzes

- 단어, 낱말: Wort
  - 어간: Wortstamm
  - 어미: Wortendung
    - 선어말어미: Vorhergehende Wortendung
    - 어말어미: Endgültige Wortendung

- 어근: Wurzel des Wortes
- 접사: Affix
  - 접두사: Prefix
  - 접미사: Suffix
  - 삽입사: Infix

- **주어: Subjekt(S)/Nominativ**
- **서술어: Prädikat(P)**
- **보어: Komplement(K)**
  - 주격보어: Subjectkomplement
  - 목적격보어: Objektkomplement
- **목적어: Objekt(O)/Akkusativ**
- **부사어: Adverbialwort(AW)**
- **조사: Postposition(PP)**
  - 격조사: PP für Kasus
    - 주격조사: Subjekt PP
    - 목적격조사: Objektive PP
    - 보격조사: Komplementäre PP
    - 관형격조사: Prä-nominale PP
    - 부사격조사: Adverbiale PP
    - 서술격조사: Prädikative PP
    - 호격조사: Vocative PP
  - 보조사: Hilfs-PP

3 품사: Wortart

- **명사: Nomen/Hauptwort/Substantiv**
  - 자립명사: Unabhängiges Substantiv
  - 의존명사: Unvollständiges Substantiv
  - 고유명사: Eigenname
  - 보통명사: Gattungsname/Gattungsbegriff
  - 추상명사: Abstraktes Substantiv
  - 물질명사: Materielles Substantiv
  - 파생명사: Abgeleitetes Substantiv
  - 복합명사: Zusammengesetztes Substantiv

- **대명사: Pronomen**
  - 인칭대명사: Personalpronomen
  - 지시대명사: Demonstrativpronomen
  - 의문대명사: Interrogativpronomenn
- **수사: Numerale/Zahlwort**
- **조사: Postposition(PP)/Nachposition**
- **동사: Verb**
  - 자동사: Intransitives Verb
  - 완전자동사: Vollständiges intransitives Verb
  - 불완전자동사: Unvollständiges intransitives Verb
  - 타동사: Transitives Verb
  - 수여동사: Dativ-verb
  - 보조동사: Hilfsverb
  - 능동사: Actives Verb
  - 수동사/피동사: Passivisches Verb
  - 규칙동사: Regelmäßiges Verb
  - 불규칙동사: Unregelmäßiges Verb
- **형용사: Adjektiv**
  - 보조형용사: Hilfsadjektiv
  - 규칙형용사: Regelmäßiges Adjektiv
  - 불규칙형용사: Unregelmäßiges Adjektiv
- **관형사: Prä-nomen**
  - 수관형사: Numerisches Prä-Nomen
  - 지시관형사: Demonstratives Prä-Nomen
  - 소유격관형사: Genetiv-Prä-Nomen
  - 성상관형사: Abgebendes Prä-Nomen
    - 순수관형사: Reines Prä-Nomen
    - 동사적 관형사: Verbales Prä-Nomen
    - 형용사적 관형사: Adjektivisches Prä-Nomen
- **부사: Adverb**
  - 성분부사: Adverb als Element eines Satzes
  - 문장부사: Adverb für ganzen Satz
- **감탄사: Ausrufewort**

4 Klassifizierung der Wortarten nach der Rolle im Satz

- 체언(명사, 대명사, 수사): Unflektierbares Wort(Substantiv, Pronomen, Numerale)
- 관계언(조사): Verbindungswort(Postposition)
- 용언(동사, 형용사): Deklinierbares Word(Verb, Adjektiv)
- 수식언(관형사, 부사): Bestimmungswort(Prä-nomen, Adverb)
- 독립언(감탄사): Unabhängiges Wort(Ausrufewort)

5 시제: Tempus/Zeitform

- 현재시제: Präsens/Gegenwart
- 과거시제: Vergangenheitsform
- 대과거시제: Vorvergangenheitsform
- 미래시제: Futur

6 문장: Satz

- Arten des Satzes
  - 평서문: Aussagesatz
  - 의문문: Fragesatz
  - 명령문: Imperativsatz
  - 청유문: "Lass uns"-Satz
  - 감탄문: Ausrufesatz
- 서법: Modus
  - 직설법: Indikativ
  - 가정법: Konjungtiv
  - 명령법: Imperativ
- 태: Aktionsart/Genus
  - 능동태: Aktiv
  - 수동태/피동태: Passiv

- **화법: Redeweise**
  - 직접화법: Direkte Rede
  - 간접화법: Indirekte Rede
- **Stil des Satzes**
  - 구어체: Umgangssprachlicher Stil
  - 문어체: Schriftsprachlicher Stil
- **Art der Struktur des Satzes**
  - 단문: Einfacher Satz
  - 중문: Satzverbindung/Satzreihe
  - 복문: Satzgefüge/Zusammen gesetzter Satz
    - 주절: Hauptsatz
    - 종속절: Nebensatz

7 Grammatische Zeichen

- **마침표/점: .(Periode/Punkt)**
- **쉼표/콤마: ,(Komma)**
- **따옴표/인용부호(Anführungszeichen)**
  - 큰 따옴표: " "(doppelte Anführungszeichen)
  - 작은 따옴표: ' '(einfache Anführungszeichen)
- **느낌표: !(Ausrufezeichen)**
- **물음표: ?(Fragezeichen)**
- **괄호: ( )(Klammer, Parenthese)**
- **연자부호: -(Bindestrich)**
- **콜론: :(Doppelpunkt)**
- **세미콜론: ;(Semikolon/Strichpunkt)**
- **사선: /(Schrägstrich)**